Le savoir sans fondements

Aldo Giorgio Gargani a été professeur de philosophie à l'Université de Pise. Parmi ses nombreux livres, ont été traduits en français : *L'étonnement et le hasard* (Marseille-Combas, Chemin de ronde-Éditions de l'Éclat, 1988), *La phrase infinie de Thomas Bernhard* (Combas, Éditions de l'Éclat, 1990) et *Regard et destin* (Paris, Éditions du Seuil, 1990).

Arnold I. Davidson est Robert O. Anderson Distinguished Service Professor à l'Université de Chicago et professeur de philosophie des cultures à l'Université Ca'Foscari de Venise.

Charles Alunni est enseignant-chercheur (HDR) en philosophie à la *Scuola normale superiore* de Pise (Italie) et à l'*École normale supérieure* de Paris où il dirige le *Laboratoire disciplinaire « Pensée des sciences »* qu'il y a fondé en 1994. Parmi ses nombreuses publications, on notera plus récemment son édition critique de Gilles Châtelet, *L'Enchantement du virtuel. Mathématique, physique, philosophie*, aux Éditions Rue d'Ulm. Il est par ailleurs traducteur d'auteurs italiens modernes et contemporains.

Aldo Giorgio GARGANI

Le savoir sans fondements

La conduite intellectuelle comme structuration de l'expérience commune

Introduction par
Arnold I. Davidson

Traduction française par
Charles Alunni

Ouvrage traduit avec le concours du Centre national du livre et publié avec l'aide de l'Université de Paris 1 Panthéon-Sorbonne

VRIN | *Philosophie du présent*

Directeurs de collection : Jean-François Braunstein,
Arnold I. Davidson et Daniele Lorenzini

Titre original : Aldo Giorgio Gargani, *Il sapere senza fondamenti*,
© Mimesis Edizioni, 2009

Imprimé en France
ISBN 978-2-7116-2510-9
www.vrin.fr

NOTE DU TRADUCTEUR

Aldo Giorgio Gargani n'est pas un auteur totalement inconnu sur notre scène philosophique nationale. Le lecteur français peut ainsi se reporter aux ouvrages suivants : A.G. Gargani, *L'étonnement et le hasard*, trad. fr. J.-P. Cometti et J. Hansen, Marseille-Combas, Chemin de ronde-Éditions de l'Éclat, 1988 ; *La phrase infinie de Thomas Bernhard*, trad. fr. J.-P. Cometti, Combas, Éditions de l'Éclat, 1990 ; *Regard et destin*, trad. fr. Ch. Alunni, Paris, Éditions du Seuil, 1990, sans parler de divers chapitres d'ouvrages collectifs ou d'articles de revues [1]. Malgré cela, il aura fallu attendre trente-huit ans, voir passer plusieurs rééditions du texte original et finalement la mort trop tôt venue de son auteur, pour pouvoir accéder enfin à ce texte clé de la philosophie européenne de notre temps.

Dans ce pays où l'Italie philosophique fait encore et toujours figure de tiers exclu des Annales franco-allemandes, l'arrivée de cet ouvrage y fera *date*. Aldo Giorgio Gargani savait l'imminence de cet événement.

Je tiens ici à remercier très vivement Arnold I. Davidson, Jean-François Braunstein, Daniele Lorenzini et Jocelyn Benoist, ainsi que M. Denis Arnaud, directeur des Éditions Vrin, pour avoir saisi l'importance des enjeux intellectuels de cette publication.

Pour les références textuelles, nous avons choisi de retraduire entièrement ou partiellement les sources principales issues de l'italien, de l'allemand ou de l'anglais originaux, l'auteur ayant procédé de la même manière dans la version italienne, tout en indiquant les références aux traductions françaises devenues courantes, pour ne pas dire canoniques.

Comme pour *Regard et destin*, le style et les gestes de pensée d'Aldo Giorgio Gargani ont transformé notre tâche de traducteur en un pur ravissement.

Charles ALUNNI

1. Sur Aldo Giorgio Gargani, je renvoie ici à l'un des trop rares textes qui lui ont été consacrés : C. Paoletti, « Aldo G. Gargani ou du (dé)constructivisme en philosophie », *Archives de Philosophie*, vol. 57, n° 1, 1994, p. 73-81. Plus récemment, Ch. Alunni, « Aldo Giorgio Gargani (1933-2009). *In memoriam* », *Revue de synthèse*, vol. 132, 6e série, n° 2, 2011, p. 1-11.

INTRODUCTION

DES JEUX LINGUISTIQUES À L'ÉPISTÉMOLOGIE POLITIQUE

Jusqu'ici c'est l'usage qui a tout fait, et c'est pourquoi il peut encore tout transformer.

A.G. GARGANI

En même temps que la réédition italienne de l'ouvrage de Gargani, *Le Savoir sans fondements*[1], est sorti son dernier livre, *Wittgenstein. Musica, parola, gesto*[2]. Pour pouvoir apprécier toute la force du texte réédité, nous devons rappeler ce qui relie la lecture de Wittgenstein par Gargani à l'élaboration de ce chef-d'œuvre. Dans le panorama contemporain de la philosophie européenne, personne n'a analysé avec plus de profondeur la pensée autrichienne du XXe siècle – Musil, Schoenberg, Bernhard, Bachmann et, avant tout, Wittgenstein. L'interprétation de Wittgenstein développée par Gargani tout au long de sa carrière est un modèle d'exégèse et un exemple dans la manière de lire une œuvre philosophique. Mais cette interprétation est également le point de départ de la philosophie de Gargani lui-même. Gargani nous a montré comment utiliser Wittgenstein; car l'écriture de

1. A.G. Gargani, *Il Sapere senza fondamenti. La condotta intellettuale come strutturazione dell'esperienza comune*, Milano-Udine, Mimesis, 2009.

2. A.G. Gargani, *Wittgenstein. Musica, parola, gesto*, Milano, Cortina, 2008.

Wittgenstein est si singulière qu'on ne voit pas très bien comment employer sa pensée. Partant de sa lecture de Wittgenstein, Gargani réussit à échafauder une philosophie originale que nous trouvons articulée dans ce livre génial, à la fois concis, riche et fécond, un essai, aujourd'hui encore fondamental, qu'il convient de lire et de relire. En bref, *Le Savoir sans fondements* est l'un des ouvrages wittgensteiniens les plus importants jamais écrits. D'autre part, l'approche philosophique de l'ouvrage nous permet de tracer une ligne de contact entre la philosophie de Wittgenstein et un courant important de la philosophie française contemporaine. Ainsi, comme peu d'autres livres, *Le Savoir sans fondements* permet d'établir un pont entre deux traditions centrales de la philosophie contemporaine.

Je voudrais mettre en évidence quelques passages de *Wittgenstein. Musica, parola, gesto*, qui résument un aspect capital de l'interprétation de Wittgenstein par Gargani :

> En insistant sur l'action et la pratique linguistiques, Wittgenstein réussit à détrôner le mythe selon lequel la rationalité consisterait en un état de constriction sous des règles. [...] Wittgenstein met en évidence le fait qu'à l'origine de nombreux malentendus philosophiques se situe ce que nous pourrions définir comme une *rationalité illimitée*, à savoir comme cette prétention à vouloir généraliser un paradigme grammatical au-delà des limites de son application légitime [1].
>
> La philosophie externaliste de Wittgenstein implique une analyse des pratiques linguistiques qui ne les soumet à aucun critère de normativité constrictive. Ainsi, la rationalité n'est pas pour Wittgenstein un état de constriction sous des règles. [...] Contre toute règle « tyrannique », Wittgenstein déclare ne pas être disposé à dogmatiser sa propre grammaire [2].

1. A.G. Gargani, *Wittgenstein. Musica, parola, gesto*, *op. cit.*, p. 113 et p. 132.
2. *Ibid.*, p. 139-140.

Il m'était impossible de lire cette conclusion de Gargani, sans penser immédiatement à d'autres citations synthétiques qui mettent en évidence une conclusion inattendue mais analogue, bien que le chemin accompli pour y parvenir y ait été totalement différent :

> Pour moi, aucune forme donnée de rationalité n'est la raison. [...] Ce que la raison éprouve comme sa nécessité, ou ce que plutôt les différentes formes de rationalité donnent comme leur étant nécessaire, on peut parfaitement en faire l'histoire et retrouver les réseaux de contingences d'où cela a émergé ; ce qui ne veut pas dire pourtant que ces formes de rationalité étaient irrationnelles ; cela veut dire qu'elles reposent sur un socle de pratique humaine et d'histoire humaine, et puisque ces choses-là ont été faites, elles peuvent, à condition qu'on sache comment elles ont été faites, être défaites [1].
>
> [...] Il est absurde d'invoquer la « raison » comme l'entité contraire de la non-raison. [...] Quand d'aucuns tentent de rationaliser quelque chose, le problème essentiel n'est pas de rechercher s'ils se conforment ou non aux principes de la rationalité, mais de découvrir à quel type de rationalité ils ont recours. [...] Mais l'expérience m'a appris que l'histoire des diverses formes de rationalité réussit parfois mieux qu'une critique abstraite à ébranler nos certitudes et notre dogmatisme. [...] Aujourd'hui, nos écoles de rationalité n'apprécient guère que l'on écrive leur histoire, ce qui est sans doute significatif [2].

Ces dernières citations sont tirées des écrits de Michel Foucault. Foucault comme Wittgenstein, chacun à leur manière, voulaient combattre une nouvelle forme de dogmatisme (postkantien). Dans le cas de Foucault, le dogmatisme de la

1. M. Foucault, « Structuralisme et post-structuralisme », entretien avec G. Raulet, dans *Dits et écrits II, 1976-1988*, Paris, Gallimard, 2001, p. 1266 et p. 1268.

2. M. Foucault, « *Omnes et singulatim* : vers une critique de la raison politique », dans *Dits et écrits II*, *op. cit.*, p. 954-955 et p. 979.

phénoménologie transcendantale; dans le cas de Wittgenstein, le dogmatisme de la philosophie analytique traditionnelle que Gargani décrit ainsi : « Dans la tradition philosophique, le terme de "cohérence" correspondait à l'idée d'une colle connectant chaque élément du discours et de la pensée avec un autre élément au sein d'une concaténation à la fois nécessaire et inexorable, partant de quelque chose qui était considéré comme le premier terme, et ce jusqu'au dernier d'un processus discursif, selon un présupposé tacite "suivant lequel, s'il y a une chose, alors il s'en suit nécessairement une autre" »[1].

Wittgenstein critique toute tentative de « saisir l'essence incomparable du langage », autrement dit « un ordre *supérieur* existant entre des concepts – pour ainsi dire – *supérieurs* »; par contre, il recherche un emploi de nos propres mots qui « doit être [...] d'une *extrême simplicité* »[2]. De son côté, Foucault critique le sens historique et métaphysique qui « se donne un point d'appui hors du temps » et qui « se laisse gagner par le point de vue supra-historique »; il cherche un sens historique qui « échappera à la métaphysique », qui « ne se repère sur aucun absolu »[3]. Malgré toutes leurs différences, Wittgenstein comme Foucault entreprennent une critique de la transcendance et partagent une attitude parfaitement décrite par François Châtelet :

> Dans notre jargon de philosophes, un principe posé à la fois comme source de toute explication et comme réalité supérieure,

1. A.G. Gargani, *Wittgenstein. Musica, parola, gesto*, *op. cit.*, p. 114. Dans l'interview « Structuralisme et post-structuralisme », Foucault affirme qu'il veut éviter toute « valeur de prescription sous la forme "puisque ceci est, cela sera" » (M. Foucault, « Structuralisme et post-structuralisme », art. cit., p. 1268).

2. L. Wittgenstein, *Philosophische Untersuchungen*, éd. G.E.M. Anscombe et R. Rhees, Oxford, Oxford University Press, 1967[3]; trad. fr. F. Dastur *et alii*, *Recherches philosophiques*, Paris, Gallimard, 2004, I, § 97, p. 80.

3. M. Foucault, « Nietzsche, la généalogie, l'histoire », dans *Dits et écrits I, 1954-1975*, Paris, Gallimard, 2001, p. 1014-1015.

> nous appelons cela transcendance. [...] Les outrecuidants, petits et grands, [...] fonctionnent à coups de transcendance, comme le clochard à coups de vin rouge [1].

Les ouvrages de Foucault, de Wittgenstein, mais également selon moi de Gargani, se présentent comme un travail de description et non d'explication, comme une lente et méticuleuse description de nos pratiques. Par ailleurs, cette description procède toujours d'un point de vue immanent. Gargani caractérise par une expression merveilleuse l'entière stratégie de Wittgenstein en termes d'« un procédé qui *fait un pas en arrière plutôt qu'un pas en avant*, centrée sur une procédure lente et non précipitée, comme procèdent la plupart du temps les philosophies spéculatives » [2]. Faire un pas en arrière signifie très précisément « reconnaître encore une fois la priorité de la *description* sur l'*explication* » [3]. C'est dans ce contexte que Gargani cite les *Recherches philosophiques*, I, § 126 :

> La philosophie se contente de placer toute chose devant nous, sans rien expliquer ni déduire. – Comme tout est là, offert à la vue, il n'y a rien à expliquer. Car ce qui est en quelque façon caché ne nous intéresse pas. On pourrait aussi appeler « philosophie » ce qui est possible *avant* toute nouvelle découverte et invention [4].

Soulignant la continuité entre une certaine philosophie anglo-saxonne qui « réfléchit sur l'usage quotidien qu'on fait de la langue dans les différents types de discours », et sa tâche « d'analyser ce qui se passe quotidiennement dans les relations de pouvoir », Foucault va jusqu'à dire :

1. F. Châtelet, *Les années de démolition*, Paris, Hallier, 1975, p. 263. Ce passage est cité par Gilles Deleuze, dans *Périclès et Verdi*, Paris, Éditions de Minuit, 1988, p. 7-8.
2. A.G. Gargani, *Wittgenstein. Musica, parola, gesto*, *op. cit.*, p. 129.
3. *Ibid.*, p. 130.
4. L. Wittgenstein, *Recherches philosophiques*, *op. cit.*, I, § 126, p. 88.

> Il y a longtemps qu'on sait que le rôle de la philosophie n'est pas de découvrir ce qui est caché, mais de rendre visible ce qui précisément est visible, c'est-à-dire de faire apparaître ce qui est si proche, ce qui est si immédiat, ce qui est si intimement lié à nous-mêmes qu'à cause de cela nous ne le percevons pas. Alors que le rôle de la science est de faire connaître ce que nous ne voyons pas, le rôle de la philosophie est de faire voir ce que nous voyons. Après tout, dans cette mesure, la tâche de la philosophie aujourd'hui pourrait bien être : qu'en est-il de ces relations de pouvoir dans lesquelles nous sommes pris [...] [1] ?

Et ce n'est pas un hasard si ce texte de Foucault s'intitule « La philosophie analytique de la politique ». Foucault caractérise cette philosophie analytico-politique grâce à un parallèle entre l'attitude qui, évitant les définitions générales et définitives du langage, affirme simplement : « Le langage, cela se joue », et sa propre attitude qu'il met ainsi en évidence : « Les relations de pouvoir, également, cela se joue ; ce sont des jeux de pouvoir qu'il faudrait étudier en terme de tactique et de stratégie, en terme de règle et de hasard, en terme d'enjeu et d'objectif » [2].

Cette convergence surprenante soulève une question qui me ramène au *Savoir sans fondements*. Chez Wittgenstein et chez Foucault, la question est de savoir à partir de quel lieu concret, de quel point de vue particulier, la tâche d'une *description* philosophique peut procéder. Chez Foucault, la perspective adoptée est toujours historique (l'histoire généalogique opposée à la philosophie spéculative) et, à partir de 1971 jusqu'aux années quatre-vingt, il s'agit principalement d'une perspective historico-*politique*. Dans son cours *Le pouvoir psychiatrique*, Foucault décrit, à la fin de sa leçon en date du 7 novembre 1973, son projet d'étudier « le dispositif de pouvoir comme instance productrice de la

1. M. Foucault, « La philosophie analytique de la politique », dans *Dits et écrits II*, *op. cit.*, p. 540-541.
2. *Ibid.*, p. 541-542.

pratique discursive», tout en formulant ses propres questions essentielles :

> [...] au fond, est-ce que ce ne sont pas les dispositifs de pouvoir, avec ce que ce mot de « pouvoir » a encore d'énigmatique et qu'il va falloir explorer, qui sont précisément le point à partir duquel on doit pouvoir assigner la formation des pratiques discursives ? Comment cet aménagement du pouvoir, ces tactiques et stratégies du pouvoir peuvent-elles donner lieu à des affirmations, des négations, des expériences, des théories, bref à tout un jeu de la vérité ? Dispositif de pouvoir et jeu de vérité, dispositif de pouvoir et discours de vérité... [1]

De Wittgenstein, on pourrait dire que, tout spécialement après la période du *Tractatus*, sa perspective est une perspective anthropologique, une anthropologie des jeux linguistiques mise en œuvre contre la métaphysique. Je puis dès lors formuler ma question de manière plus précise : a-t-il jamais existé un point de vue politique dans les textes majeurs de Wittgenstein ? Gardant présent à l'esprit le sens des analyses politiques de Foucault, la réponse immédiate, quasi inévitable, est clairement « non ». Mais il peut se faire que cette réponse soit trop précipitée et un peu trop claire, même si c'est apparemment la réponse de Foucault lui-même. Durant la discussion qui suivit une série de conférences qu'il prononça au Brésil en 1973, Foucault note la ressemblance entre son analyse du «discours comme stratégie» et celle des Anglo-Saxons, «en particulier Wittgenstein, Austin, Strawson, Searle» [2]. Mais c'est pour ajouter immédiatement :

> Ce qui me semble un peu limité dans l'analyse de Searle, de Strawson, etc., c'est que les analyses de la stratégie d'un discours

1. M. Foucault, *Le pouvoir psychiatrique. Cours au Collège de France. 1973-1974*, Paris, Seuil-Gallimard, 2003, p. 14-15.

2. M. Foucault, « La vérité et les formes juridiques », dans *Dits et écrits I*, *op. cit.*, p. 1499.

> qui se font autour d'une tasse de thé, dans un salon d'Oxford, ne concernent que des jeux stratégiques qui sont intéressants, mais qui me paraissent profondément limités. Le problème serait de savoir si nous ne pourrions pas étudier la stratégie du discours dans un contexte historique plus réel, ou à l'intérieur de pratiques qui sont d'une espèce différente de celle des conversations de salon [1].

Et, comme exemple de ces pratiques historiquement déterminantes, Foucault mentionne un certain type de pratique du pouvoir, les pratiques juridiques étudiées dans sa conférence à peine achevée : « La vérité et les formes juridiques ».

Pouvons-nous faire entrer les pratiques du pouvoir dans une philosophie formulée en termes wittgensteiniens? Dans *Wittgenstein. Musica, parola, gesto*, Gargani parle du langage comme du « contexte *institutionnalisé* de pratiques dans une certaine forme de vie », et il décrit le cas d'un « énoncé contingent [...] élevé au rang d'énoncé grammatical atemporel *par effet de l'institutionnalisation* d'un paradigme à l'intérieur d'un jeu linguistique » [2]. À mon oreille sensibilisée par Foucault, j'entends dans ces descriptions de Gargani un geste politique; j'y vois la possibilité d'une description politique du jeu linguistique. Je vais donc directement à l'exemple le plus net et le plus intéressant, concernant le cadre politique de la pensée wittgensteinienne; un exemple dont je me suis souvenu en relisant la préface écrite par Gargani au *Cahier bleu* et au *Cahier brun* de Wittgenstein, et plus précisément le paragraphe intitulé « De l'explication du sens au dressage linguistique ». Le début du *Cahier brun* résonne ainsi :

1. M. Foucault, « La vérité et les formes juridiques », art. cit., p. 1499-1500.
2. A.G. Gargani, *Wittgenstein. Musica, parola, gesto*, *op. cit.*, p. 114 et p. 118 (nous soulignons).

> Imagine ce langage : –
> Sa fonction est la communication entre un maçon A et son manœuvre B. B doit tendre à A les pierres pour la construction. Il y a des cubes, des briques, des dalles, des poutres, des colonnes. Ce langage comporte les mots « cube », « brique », « dalle », « poutre », « colonne ». A prononce l'un de ces mots ; B réagit en portant une pierre d'une certaine forme. Imaginons une société où ce serait le seul et unique système de langage. L'enfant apprend ce langage des adultes par le biais du dressage à son usage. Quant à moi, j'utilise le mot « dressage » de manière strictement analogue au dressage des animaux en vue de faire certaines choses. Cela se fait à travers l'exemple, la récompense, la punition, etc. Une partie de ce dressage est d'indiquer une pierre de construction, de diriger sur elle l'attention de l'enfant et de prononcer un mot. J'appellerai cette procédure enseignement *démonstratif* [*demonstrative*] (à travers des indications) des mots. Dans l'usage pratique de ce langage, l'un prononce les mots comme des ordres, l'autre agit en conformité avec eux. Mais l'apprentissage et l'enseignement de ce langage exprimeront cette procédure : l'enfant « nomme » tout simplement les choses, ou encore prononce les mots du langage quand l'enseignant indique ces choses. Et il y aura un exercice encore plus simple : l'enfant répète les mots que l'enseignant prononce [1].

Dans ce texte, l'idée de dressage est plus puissante que celle qui apparaît au début des *Recherches philosophiques*. Ici, le dressage est clairement un ensemble de techniques – l'exemple, la récompense, la punition, l'enseignement démonstratif, l'ordre, la répétition. Et lorsque, plus bas dans le texte, Wittgenstein parle du

1. L. Wittgenstein, *The Blue and the Brown Books*, Oxford, Basil Blackwell, 1958, p. 77 ; trad. it. A.G. Conte, *Libro blu e Libro marrone*, Torino, Einaudi, 1983, p. 103-104 ; trad. fr. M. Goldberg et J. Sackur, *Le Cahier bleu et le Cahier brun*, Paris, Gallimard, 1996, p. 137-138. [La traduction française est fort éloignée de la version italienne : là par exemple où l'italien lit *dressage*, le français traduit de manière plus « politiquement correcte » *entraînement* – N.D.T.].

« dressage général », il fait également référence au « déroulement d'exercices et d'épreuves »[1]. Dans *Fiches*, Wittgenstein déclare avec la plus grande concision : « Le fondement de toute explication est le dressage »[2]. Rappelons qu'un chapitre de *Surveiller et punir* s'intitule « Les moyens du bon dressement » ou Foucault conclut l'introduction de ce chapitre par la phrase suivante : « Le succès du pouvoir disciplinaire tient sans doute à l'usage d'instruments simples : le regard hiérarchique, la sanction normalisatrice et leur combinaison dans une procédure qui lui est spécifique, l'examen »[3]. Le dressage de Wittgenstein comme les techniques de Foucault visent à former (Foucault dit aussi « fabriquer ») les individus. Et avec le mot « discipline », nous retombons sur *Le Savoir sans fondements*, avec ses rituels et ses fétiches épistémologiques, ses stratégies de disciplinement[4] de la vie humaine. Dans la préface de son livre, Gargani exprime ainsi son idée fondamentale :

> Dans ce texte, j'ai cherché à souligner le fait que les procédures de recherche instituées par les philosophies et les épistémologies de type fondationnaliste, qu'elles soient passées ou récentes, ne poursuivent pas des buts purement cognitifs mais assument, plus généralement, une fonction de disciplinement et de contrôle de la vie humaine à travers des prescriptions d'ordre historiquement définies. Le « fondement », l'« essence », les « principes de base » ne satisfont pas des fonctions cognitives, mais poursuivent différents buts qui concernent les institutions sociales et culturelles disciplinant notre vie. Plutôt que des instances cognitives, ces

1. L. Wittgenstein, *The Blue and the Brown Books*, *op. cit.*, p. 98 ; trad. it., p. 130 ; trad. fr., p. 165.
2. L. Wittgenstein, *Fiches*, trad. fr. J.-P. Cometti et É. Rigal, Paris, Gallimard, 2008, § 419, p. 101.
3. M. Foucault, *Surveiller et punir. Naissance de la prison*, Paris, Gallimard, 1975, p. 201.
4. [*Disciplinamento* est un néologisme que nous rendons ici par son équivalent français « disciplinement » – N.D.T.].

> constructions conceptuelles ont représenté et représentent encore *des rituels épistémologiques* destinés à préserver l'assise d'irrévocabilité qui a été accordée à des valeurs d'un certain type, et à limiter l'usage anticonformiste de la communication. En ce sens, « objectuel », « empirique », « universel », « particulier », « essentiel » et autres notions semblables n'expriment aucunement des prescriptions réelles et inexorables, mais reflètent simplement des modèles décisionnels auxquels les hommes se sont historiquement confiés dans leurs formes de vie [1].

Au chapitre III de cet ouvrage, Gargani parle de « *structures d'ordre, de prescriptions de disciplinement d'après lesquelles ont été distribués les objets et les termes de référence de toute une culture* » [2]. Dans sa leçon inaugurale du Collège de France, Foucault présente son projet d'étudier les moyens par lesquels « dans toute société la production du discours est à la fois contrôlée, sélectionnée, organisée et redistribuée », avant d'ébaucher l'idée qu'« il y a sans doute une volonté de vérité au XIXe siècle qui ne coïncide, ni par les formes qu'elle met en jeu, ni par les domaines d'objets auxquels elle s'adresse, ni par les techniques sur lesquelles elle s'appuie, avec la volonté de savoir qui caractérise la culture classique » [3]. Quelques années plus tard, il conclura le chapitre de *Surveiller et punir* sur le bon dressement par ces mots : « En fait le pouvoir produit; il produit du réel; il produit des domaines d'objets et des rituels de vérité. L'individu et la connaissance qu'on peut en prendre relèvent de cette production » [4]. À la lumière de cette optique foucaldienne, comment pouvons-nous ne pas voir dans le vocabulaire même de Gargani – fonction de disciplinement et de contrôle de la vie humaine, structures d'ordre, institutions sociales et culturelles qui

1. A.G. Gargani, *Le Savoir sans fondements*, *infra*, p. 27.
2. *Ibid.*, p. 80.
3. M. Foucault, *L'ordre du discours*, Paris, Gallimard, 1971, p. 11 et p. 18.
4. M. Foucault, *Surveiller et punir*, *op. cit.*, p. 227.

disciplinent notre vie, rituels épistémologiques – l'espace au sein duquel émerge une philosophie politique? Toute hésitation à ce propos tombe, à la lecture du chapitre au titre signifiant: « Les habitus conceptuels comme extensions de la conduite pratique ». Parlant « d'une organisation des comportements et des techniques procédurales qui n'ont aucune légitimation en dehors d'un modèle de conduite opératoire », Gargani expose cette réflexion pénétrante et féconde qui, à mon avis, représente le sommet de la pensée politique wittgensteinienne :

> L'expérience s'est présentée comme un espace de références ouvert et disponible, où il était possible de fixer des combinaisons différentes et alternatives de modèles d'ordre. L'expérience est comme un champ de lignes interrompues, distribuées dans les directions les plus variées. Connecter les segments d'une expérience dans une combinaison d'un certain type est ce que nous appelons penser, choisir, signifier, calculer et décider. [...]
> Les habitus conceptuels sont des extensions et des complications techniques d'une conduite qui s'est formée à travers un système de prohibitions, d'interdits, de châtiments et de récompenses. Les circonstances à partir desquelles ont pris forme les habitus conceptuels correspondaient à des combinaisons de la vie exprimant des admissions et des interdictions. En tant que fonction de disciplinement méthodique, la pensée n'est que la projection et l'extension d'une conduite factuelle passée à travers un système de risques, d'obstacles, de gratifications et de punitions. La pensée, c'est aussi la définition, par exemple, d'une stratégie décisionnelle par laquelle un animal suit un parcours plutôt qu'un autre. Un parcours libre et un autre constellé de dangers et d'obstacles constituent la combinaison de vie suscitant une norme. C'est comme si les hommes avaient formé les systèmes de leurs propres législations au cours de leur cheminement [1].

1. A.G. Gargani, *Le Savoir sans fondements*, *infra*, p. 163-164.

Notre forme d'expérience dépend d'un ordre socio-politique avec ses techniques, ses pratiques, ses tactiques et ses stratégies. Cette forme n'est pas donnée à l'avance, mais elle est historiquement et culturellement construite. Notre forme de vie est inévitablement politique. Alors que Gargani conclut qu'« il n'existe aucune condition idéale ou aucune stratégie théorique préétablie qui puisse fixer la ligne d'après laquelle les éléments d'une expérience doivent être rassemblés dans une représentation univoque et coercitive »[1], nous nous trouvons face au même genre d'intuition troublante qui a poussé Foucault à « penser l'historicité même des formes de l'expérience »[2].

Pour conclure, je voudrais souligner un passage extraordinairement beau du *Savoir sans fondements* qui connecte sans aucune ambiguïté philosophie politique et philosophie du langage :

> En réalité, il s'est avéré qu'un domaine relationnel d'activités, de techniques comportementales, d'usages d'une forme sociale de la vie humaine, a été rigidifié et repris, pour ainsi dire, sous la forme d'un objet mythique. S'est ainsi réalisé, dans le rapport usage-signification de nos apparats grammaticaux et catégoriaux, ce processus de subordination qui, dans la société caractérisée par l'organisation capitaliste du travail, s'établit entre travail vivant et travail cristallisé, objectivé, à savoir le capital. Comme le capital, ce travail cristallisé dispose, dans la forme des rapports de production d'une société capitaliste, de l'usage de la force-travail, du travail vivant; ainsi – passant au domaine des relations à l'œuvre dans le symbolisme de notre langage –, la signification, comme usage cristallisé et sédimenté, établirait et disciplinerait l'usage du langage et, plus généralement, celui de nos constructions linguistico-conceptuelles. Mais s'il est vrai que

1. A.G. Gargani, *Le Savoir sans fondements*, *infra*, p. 164.

2. M. Foucault, « Préface à l'*Histoire de la sexualité* », dans *Dits et écrits II*, *op. cit.*, p. 1398.

> le travail est la matrice du capital, alors l'usage de la force-travail ne doit pas se disposer nécessairement dans la forme capitaliste des rapports de production, selon une idéologie qui a configuré et fixé cette forme en termes de nécessité naturelle, comme telle inéluctable. Analogiquement, le privilège qu'une longue tradition a accordé à la signification par rapport à l'usage du langage est une apparence et une mythologie philosophique, dès lors que c'est en réalité la *matrice constructive de l'usage* qui a généré l'ensemble des significations de notre langage au sein de la connexion d'une forme de vie [1].

Poursuivant l'analyse politique de Marx, mais en la situant dans un cadre épistémologique, Gargani insiste sur le fait que nous devons déplacer notre regard d'une forme présentée comme une nécessité naturelle vers une matrice constructive de l'usage. La soi-disant forme naturelle, tant sociale qu'épistémologique, n'est plus qu'une forme cristallisée et sédimentée résultant d'un ensemble de pratiques et d'une série d'usages. Il ne subsiste rien de la forme en soi : comme le dit Foucault, Marx « n'interprète pas l'histoire des rapports de production, mais [...] interprète un rapport se donnant déjà comme une interprétation, puisqu'il se présente comme nature » [2]. Le fétiche épistémologique, de même que le fétiche social, n'est jamais un objet immédiat; l'histoire persistante de nos pratiques est nécessaire à sa construction. La consolidation de ces pratiques du pouvoir, souvent hétérogènes, est la source de ces impressions qui nous semblent les plus évidentes. Gargani parle d'un ordre établi, avec ses « nécessités », qui « correspond à la *force* avec laquelle nous sommes décidés à faire valoir une convention » [3]. Ma conclusion me semble dès lors justifiée : à travers une étude patiente et approfondie de Wittgenstein, Aldo Giorgio Gargani a réussi à inaugurer, dans

1. A.G. Gargani, *Le Savoir sans fondements*, *infra*, p. 92-93.
2. M. Foucault, « Nietzsche, Freud, Marx », dans *Dits et écrits I*, *op. cit.*, p. 599.
3. A.G. Gargani, *Le Savoir sans fondements*, *infra*, p. 164 (nous soulignons).

Le Savoir sans fondements, un nouveau territoire philosophique que j'aimerais appeler *épistémologie politique*.

Au bout du compte, je puis affirmer qu'il s'agit là avant tout d'une *attitude* que Gargani partage avec Foucault dans ce que celui-ci caractérise comme « critique permanente de notre être historique »[1]. Je peux illustrer la dimension politique d'une telle attitude à travers une citation d'un texte magnifique de Bertolt Brecht :

> Le comportement des hommes devait à la fois être ce qu'il est et pouvoir être autre. [...]
> *Le spectateur du théâtre dramatique dit* : « Oui, moi aussi j'ai éprouvé ce sentiment. – C'est ainsi que je suis. – Ben, cela est naturel. – Il en sera toujours ainsi. – La souffrance de cet homme m'émeut, car il n'a pas d'autre issue. – Ça c'est du grand art : ici tout est évident. – Moi je pleure avec celui qui pleure, et je ris avec celui qui rit ».
> *Le spectateur du théâtre épique dit* : « Je n'aurais jamais imaginé une chose pareille. – On ne doit pas agir ainsi. – C'est surprenant, presque inconcevable. – Il faut que cela cesse. – La souffrance de cet homme m'émeut, car il y aurait même une issue pour lui ! – Ça c'est du grand art : ici rien n'est évident. – Moi je ris de celui qui pleure, et je pleure sur celui qui rit »[2].

Le Savoir sans fondements est un grand livre du théâtre épique philosophique.

Arnold I. DAVIDSON

1. M. Foucault, « Qu'est-ce que les Lumières ? », dans *Dits et écrits II*, *op. cit.*, p. 1390.

2. B. Brecht, « Théâtre de divertissement ou théâtre didactique ? », dans *Écrits sur le théâtre*, trad. fr. J. Tailleur et G. Delpel, Paris, L'Arche Éditeur, 1972[2], vol. I, p. 261 (traduction modifiée).

J'ai longuement discuté ce texte avec ma femme Paola et avec mes amis Nicola Badaloni, Carlo Ginzburg, Francesco Orlando, Carlo A. Viano et Corrado Vivanti. Je désire leur exprimer ici mes remerciements affectueux.

A.G.G.

PRÉFACE

Cet écrit n'a pas de thème historiographique spécifique ni privilégié, même si la discussion des problèmes philosophiques et épistémologiques qu'il affronte se déroule quasi exclusivement dans le répertoire des épisodes de l'histoire de la philosophie, de la science naturelle et de la logique. Le lecteur devrait le traverser comme on traverse un album d'illustrations, ou le regarder comme on regarde un paysage en mouvement. Il devrait en tirer l'impression que la formation du savoir scientifique et philosophique n'est pas une progression linéaire et cumulative de techniques cognitives. Que ce savoir ne ressemble pas à un patrimoine et qu'il ne s'édifie pas comme un patrimoine, mais qu'il s'agit plutôt d'un recueil d'instruments, d'habitus conceptuels, de modèles comportementaux, de conduites opérationnelles et de techniques décisionnelles qui naissent des formes de vie des hommes au titre de leur extension.

Les doctrines scientifiques et philosophiques ont tiré le mouvement depuis leur origine non seulement d'attitudes de type exclusivement cognitif, mais également de la matrice constructive des procédures et des habitus décisionnels qui ont discipliné, sous leurs différentes formes, la vie des hommes. La connaissance scientifico-philosophique – du point de vue du questionnement philosophique, c'est-à-dire de l'intérêt pour l'expérience globale que nous vivons – trouve sa matrice constructive dans les formes d'organisation de la vie humaine. À partir des habitus décisionnels et de la conduite opérationnelle qui s'expriment dans les questions de foi religieuse, dans les présomptions probabilistes, dans les calculs concernant les entreprises commerciales et les transactions économiques à risque, dans les procès judiciaires des tribunaux, dans les travaux artisanaux ou dans les manufactures, se sont historiquement constituées les conditions qui ont modelé les apparats conceptuels, les usages linguistiques, les règles de légitimation et de décision auxquelles ont été rapportées les doctrines scientifiques et philosophiques.

Ces modalités de l'expérience et de l'organisation des formes de la vie humaine constituent pour ainsi dire l'intériorité des modules cognitifs.

Confrontées à leurs matrices constructives, aux habitus de conduite, aux procédures décisionnelles et opérationnelles, les institutions de la science et de la philosophie perdent leur statut d'irrévocabilité et d'inexorabilité. Les stratégies épistémologiques de type fondationnel – qui couraient, et qui courent toujours après des certitudes et des assurances théoriques censées nous préserver, selon Hilbert, « de la terreur des interdictions non nécessaires au même titre que du danger des paradoxes » –, ces stratégies se révèlent illusoires et fallacieuses. En réalité, la stratégie théorique de type fondationnaliste n'est que le vestige d'une attitude religieuse préservée et transposée, peut-être inconsciemment, dans les techniques de l'épistémologie.

Les certitudes et les garanties recherchées par les doctrines fondationnalistes sont introuvables non pas parce que nous serions dépourvus de fondements théoriques solides comme un roc, mais au sens où la matrice constructive et opérationnelle des sciences est en dernière analyse elle-même sans fondement. Le discours scientifique est dépourvu de fondements garantis qui seraient en mesure de le préserver de toute menace que représentent contradictions et paradoxes, non pas parce qu'il serait conceptuellement infondé, mais parce qu'il n'est que la manifestation d'une opération humaine elle-même infondée; parce qu'à la fin de toute recherche, on arrive au point où l'on doit dire : faisons ainsi, un point c'est tout.

Une pratique infondée ne doit pas être entendue ici comme un symptôme d'irrationalité ou comme l'éloge du désordre. À partir des éclaircissements qu'apporte ce livre, la stérilité des stratégies épistémologiques fondationnalistes ne devrait plus apparaître que pour ce qu'elle est véritablement, à savoir le constat réaliste d'un schème conceptuel qui ne résiste pas à l'épreuve de l'analyse logico-linguistique, et non point comme la sanction satisfaite d'un déshonneur scientifique.

Dans ce texte, j'ai cherché à souligner le fait que les procédures de recherche instituées par les philosophies et les épistémologies de type fondationnaliste, qu'elles soient passées ou récentes, ne poursuivent pas des buts purement cognitifs mais assument, plus généralement, une fonction de disciplinement et de contrôle de la vie humaine à travers des prescriptions d'ordre historiquement définies. Le « fondement », l'« essence », les « principes de base » ne satisfont pas des fonctions cognitives, mais poursuivent différents buts qui concernent les institutions sociales et culturelles disciplinant notre vie. Plutôt que des instances cognitives, ces constructions conceptuelles ont représenté et représentent encore *des rituels épistémologiques* destinés à préserver l'assise d'irrévocabilité qui a été accordée à des valeurs d'un certain type, et à limiter l'usage anticonformiste de la communication. En ce sens, « objectuel », « empirique », « universel », « particulier », « essentiel » et autres notions semblables n'expriment aucunement des prescriptions réelles et inexorables, mais reflètent simplement des modèles décisionnels auxquels les hommes se sont historiquement confiés dans leurs formes de vie.

C'est un fait que les hommes ont produit bien plus de choses que nous ne sommes prêts à l'admettre; mais ce qu'ils ont érigé sous forme de constructions conceptuelles élevées et sublimes, comme si elles étaient coupées du hasard et du désordre, correspond à un usage qu'ils ont fait de leur propre vie.

Pise, avril 1974.
Aldo Giorgio GARGANI

PRÉFACE À LA NOUVELLE ÉDITION

Voilà un peu plus de trente ans, au terme de difficultés qui n'étaient pas des moindres, de résistances idéologiques et d'obstacles en tous genres, parut chez Einaudi la première édition de cet ouvrage, *Le Savoir sans fondements*. Ce livre était destiné à ouvrir en Italie, mais pas seulement en Italie, un vif et large débat sur la rationalité scientifique et philosophique. Ce thème n'était certainement pas nouveau, et encore moins inédit. En réalité, entre le XIXe et le XXe siècles, il était de tradition en Italie d'entretenir un conflit entre, d'un côté, un exercice philosophique spéculatif, théoriciste, réservé aux écoles idéalistes aussi insouciantes qu'indifférentes aux différents tournants de la culture scientifique et, de l'autre, une pratique culturelle soutenue par des courants, des écoles, ou des personnalités singulières orientant la réflexion philosophique vers les apports de la culture scientifique, et ce dans la perspective d'une redéfinition des thèmes de la connaissance, de l'élaboration symbolique et linguistico-conceptuelle de l'entreprise cognitive. Ce conflit, qui était le plus souvent arrivé à épuisement et n'en finissait pas de s'épuiser, opposait, dans une lutte infinie, le réalisme, l'objectivisme et le positivisme, à l'idéalisme, au subjectivisme et à l'humanisme. Une querelle qui, au-delà des sophistications verbales, des acrobaties dialectiques et des virtuosités conceptuelles, se résolvait à la fin par le choix, bien peu prometteur mais caractéristique des philosophies spéculatives, *entre prendre ou laisser* une conception du monde, une idéologie ou une intuition de l'être.

La nouveauté de ce volume consistait par contre à soustraire les sciences physico-mathématiques aux déformations interprétatives engendrées tant par les écoles de l'idéalisme philosophique que par les courants de la philosophie herméneutique qui continuaient à insister sur l'image fictive d'une science qui n'existait pas, qui n'avait jamais existé, et que des savants comme Ludwig Boltzmann, Ernst Mach, Heinrich Hertz, Albert Einstein, Max Planck, Niels Bohr ou John Bell (entre autres) avaient été les premiers à remettre en question, en restituant les pratiques scientifiques à la réalité de leur recherche et à leur consistance effective. À partir de ces prémisses, *Le Savoir sans fondements* s'engageait à analyser et à reconstruire le savoir scientifique à l'horizon du *linguistic turn*, c'est-à-dire du tournant linguistique qui avait été pris à partir du XXe siècle par Gottlob Frege, Bertrand Russell, Ludwig Wittgenstein, Willard O. Quine, Gilbert Ryle, John L. Austin, Peter F. Strawson et par bien d'autres pour qui les processus cognitifs sont structurés par *un régime de grammaticalité*. Les théories des modèles, des « paradigmes », des « manières de faire des mondes », des « schèmes conceptuels », des « modèles de la découverte scientifique », c'est-à-dire les développements de la philosophie analytique et de l'épistémologie constructiviste des sciences physico-mathématiques au cours du siècle passé, s'enracinent dans la médiation linguistique par laquelle expérience humaine et réalité naturelle entrent en rapport.

Le pas décisif que ce texte se proposait et se propose aujourd'hui encore de franchir était d'émanciper le langage et la grammaticalité des schèmes et des architectures conceptuelles préarrangés et préconstitués, par l'insistance sur le rôle éminent joué par l'usage, la pratique, l'application des instruments symboliques dans les circonstances de notre vie, dans l'horizon de notre action, y compris l'horizon scientifique. En ce sens,

Le Savoir sans fondements instaure et thématise une philosophie de la liberté. Tel était et tel est le *savoir sans fondements* : un agencement de concepts, d'idées, de procédures et de comportements dont le sens dépend exclusivement de leur mode d'usage et de leur application dans les circonstances de notre vie comme dans l'ensemble de la communauté sociale. *Le Savoir sans fondements* est synonyme de morphologie sociale. D'un point de vue philosophique, le fondement a toujours été vu comme un prédicat ou une propriété de la vie intérieure, de l'invisible perfectionnement intérieur, de la règle intérieure qui nous guide sur des chemins conduisant à l'infini. *Le Savoir sans fondements* déplace le répertoire tout entier de l'expression, de la communication et de la connaissance du côté du *visible*, de ce qui est public, intersubjectif et intercontrôlable, de ce qui, finalement, est partagé par toute la communauté humaine.

La fonction de la règle – entendue traditionnellement comme une sorte d'action à distance qui guiderait pas à pas notre conduite intellectuelle – se dévoile alors comme une pure mystification. Nous découvrons en effet que la règle est une interprétation possible de notre pratique, plus précisément qu'elle est déjà depuis toujours *une interprétation de la pratique*, et non son *explication*. Nous découvrons qu'elle n'est nullement le fondement de notre agir, un agir qui s'avère tout au contraire consigné à lui-même comme à son propre donné originaire. Le but de ce livre était et est toujours de ramener les procès de connaissance et de communication aux matrices linguistico-conceptuelles qui s'enracinent dans les manières par lesquelles les membres d'une communauté sociale regardent la réalité qui les entoure, selon les modes, les habitus et les institutions de leur pratique. Par rapport aux schèmes encore intellectualistes qui persistaient et qui persistent toujours dans le cadre de la philosophie analytique, *Le Savoir sans fondements* s'était proposé de franchir le pas suivant qui consiste à rapporter les habitus et les pratiques intellectuelles aux modes et aux formes d'existence des communautés sociales, aux modes de réflexion et aux modalités de jugement suivant lesquels conduite intellectuelle et vie quotidienne s'interpénètrent, au sens où le physicien philosophe Ernst Mach pouvait affirmer qu'il n'existait aucune différence qualitative, mais simplement une différence de degré, entre un chasseur intégrant le comportement de sa proie en se postant à l'affût, et Galilée qui, sur la base de certaines données relatives à la position et à la vitesse d'un projectile, en intégrait la parabole.

Le sens des situations et des différentes circonstances à partir desquelles les hommes opèrent n'est ni réglé ni discipliné par des liens, des relations et des implications logiques de type nécessitant, qui sont propres à une conception de la rationalité comme état de coaction selon des règles. Il n'y a pas de trame fondationnelle nécessitante entre les événements de notre agir et les situations où nous nous trouvons et auxquelles nous sommes exposés : il y a leur coexistence, leur être ensemble, leur souffrir ensemble, et c'est cette coexistence qui génère le sens que nous attribuons aux situations de notre vie comme de notre recherche. Comme si chaque mot était la marque d'un fragment d'expérience de la vie dont nous reconnaissons l'importance, comme tant d'autres mots, d'autres symboles et d'autres fragments qui se rassemblent et s'ordonnent à un contexte qui génère comme tel un sens, une valeur, un intérêt. Nous dirons que, d'après *Le Savoir sans fondements*, symboles, gestes, choses et événements ne se réfléchissent pas les uns les autres, ne se reflètent pas les uns les autres, mais versent tous dans cette totalité vague et fluctuante qu'est notre langage. En ce sens, *Le Savoir sans fondements* sanctionne la fin de la connaissance et de la signification linguistiques conçues comme représentations spéculaires et mimétiques.

La raison supplémentaire pour laquelle le texte du *Savoir sans fondements* est proposé à nouveau aujourd'hui tient à la tâche et à l'engagement à reconnaître et à vérifier les conditions et les facteurs pré-cognitifs qui, n'étant ni vrais ni faux, existent tout simplement, mais entrouvrent le jeu du vrai et du faux au sein d'une communauté linguistico-sociale.

Pise, février 2009.
Aldo Giorgio GARGANI

[...] Si le sens de la réalité existe, et personne ne peut mettre en doute que son existence est justifiée, alors il doit aussi y avoir quelque chose que nous appellerons le sens de la possibilité. Qui le possède ne dit pas, par exemple : ici est arrivée, arrivera ou devra arriver telle et telle chose ; mais il imagine : ici pourrait ou devrait arriver telle et telle chose ; et si on lui assure qu'une chose est comme elle est, il pensera : eh bien, probablement elle pourrait être encore différente. C'est pourquoi le sens de la possibilité pourrait se laisser définir comme la capacité de penser tout ce qui pourrait être tout autant, sans donner une plus grande importance à ce qui est qu'à ce qui n'est pas.

ROBERT MUSIL, *L'Homme sans qualités*

Figurons-nous les mouvements lents du caméléon plus ralentis encore et, par contre, les mouvements lents de préhension des lianes très accélérés : la différence pour l'observateur s'effacerait très notablement entre ces deux processus, mouvements des animaux et phénomènes de croissance des plantes.

ERNST MACH, *Erkenntnis und Irrtum*

CHAPITRE PREMIER

LA STRATÉGIE GÉOMÉTRIQUE DU MONDE PHYSIQUE

La question de la connexion entre les modules du savoir scientifique et les formes de la vie humaine a quelque chose à voir avec des paradigmes différents et alternatifs de l'interprétation. On pourrait établir une première distinction entre les recherches qui vont à la chasse aux matrices historico-culturelles externes de justification des théories scientifiques, et celles qui à l'inverse enquêtent sur l'incidence d'une structure théorique sur les apparats catégoriaux, sur les techniques de légitimation et de décision des assertions scientifiques. Les recherches du premier type se limitent délibérément à définir ce qu'on désigne, d'une expression abusive, comme « le contexte historico-culturel » des théories scientifiques ; c'est-à-dire l'indication d'une matrice historique externe ayant rendu possible la naissance d'une théorie scientifique qui, une fois décollée, disposerait cependant d'un statut conceptuel et formel autonome, indépendant et fermé sur lui-même. Les modules de ce genre, avec ce caractère d'auto-limitation qu'ils s'attribuent, fournissent la version la moins attrayante de la question et finissent par s'épuiser dans un cadre culturaliste théoriquement peu audacieux. Une procédure de recherche de ce genre laisse dans l'indétermination complète l'étude portant sur la formation, sur la matrice de l'apparat catégorial et grammatical, ainsi que sur les modèles de décision et de légitimation des assertions scientifiques. Elle fournit certaines conditions historico-culturelles propices à la constitution d'une certaine forme de savoir scientifique, mais sans toucher à son statut épistémologique ni aux normes de sa validité. En ce sens, une formation historico-culturelle, à égard de laquelle est dirigée la procédure d'imputation d'une théorie scientifique, est tout simplement assumée comme un facteur causal produisant l'avènement de la théorie. Et comme nous le savons bien, le fait d'avoir découvert une cause nous fait croire qu'on a bien accompli notre tâche, qu'on a bien fait notre métier.

D'autres versions de la recherche en question, encore plus mobilisées sur le plan philosophique et méthodologique, sont celles qui réduisent ou suspendent le statut épistémologique d'un système scientifique à des normes, à des conditions de validité et à un cadre d'objectualité que le système lui-même définit au sein d'un modèle linguistico-conceptuel d'un certain type. Une manifestation technique de cette version est par exemple constituée par le transcendantalisme kantien en tant que méthodologie philosophique destinée à légitimer la mécanique newtonienne. Le transcendantalisme kantien a eu une influence jusqu'à nos jours (qu'on pense à Max Planck par exemple) sur la manière de poser les questions de type méthodologique ou épistémologique (comme celles à caractère philosophique au sens le plus général du terme) quant aux conditions de formation et de certification des formes du savoir scientifique ; et ce, contre la tendance à enfermer le corps des assertions scientifiques transmises à l'intérieur d'un système théorique autonome, indépendant, ne nécessitant ni explications ni éclaircissements sur le plan des modules catégoriaux, des habitus ou des techniques de légitimation et de décision des questions scientifiques. Une posture également opposée à la tendance des dernières générations de physiciens qui manifestent une forte propension à dire que les choses en physique sont ce qu'elles sont parce que… elles sont ce qu'elles sont.

Au cours d'une longue histoire qui depuis Descartes, en passant par Kant, est parvenue jusqu'à nous, s'est exprimée une forte tendance à expliquer non seulement la structure, mais également les conditions de validité et de légitimation des doctrines scientifiques, en les imputant sous des modes variés aux facultés, aux formes, aux catégories et aux intuitions d'un « sujet connaissant ». Traditionnellement, la science était renvoyée (y a-t-il quelque chose de plus évident et de plus naturel ?) à des matrices à la fois intellectuelles et formelles, à des stratégies cognitives. Dans le cas du kantisme, la science est imputée à un sujet connaissant (c'est-à-dire à un sujet qui ne serait *que* connaissant, et non affairé ailleurs) qui organise son propre savoir sur la base d'une expérience non définie, mais constituée transcendentalement en fonction d'une structure apriorique, formelle, d'intuitions pures et de concepts non moins purs. L'approche transcendantale kantienne de la science se manifeste sous la forme d'une structure catégoriale atemporelle qui a le pouvoir de disposer et d'organiser tout un flux de données sensorielles offertes aux paramètres des intuitions pures de l'espace et du temps. (Plus tard, ce dispositif philosophique est devenu *aussi* un habitus et une manière de philosophie académique, car le kantisme est une philosophie, disons, fort hospitalière). Mais l'approche philosophique de la science a également admis, entre autres choses, des imputations explicatives qui ne font pas référence à la structure formelle de cette unité aperceptive que serait le « sujet connaissant », mais qui s'orientent vers un cadre où les conditions sont plutôt de type pragmatique.

La discussion philosophique sur la science présente un large spectre d'interprétations de par l'effet multiplicateur qu'a sur elle la hiérarchie des modules d'imputation explicative, car chacun d'eux est en interférence avec les autres, réalisant ainsi une certaine distribution de conditions explicatives diversement privilégiées, et ce en fonction des schèmes conceptuels philosophiques préalablement admis.

Même dans un cadre aussi enchevêtré, il est néanmoins possible d'enregistrer une condition objective. Indépendamment des questions très compliquées autour de la possibilité (qui est pour certains loin d'être évidente) d'historiciser les vicissitudes des doctrines scientifiques et d'assurer la ligne d'un progrès cumulatif et linéaire, on constatera que les théories scientifiques ont manifesté une certaine mobilité des apparats catégoriaux, des habitus, des techniques de décision et de légitimation, comme des modèles d'objectualité. Les doctrines scientifiques ne constituent pas, et historiquement n'ont jamais constitué un corps de systèmes théoriques et de pratiques expérimentales orientés vers une structure invariante du champ objectuel, commensurables à un paradigme de validité invariant et défini une fois pour toutes.

On peut dire qu'au cours de l'histoire chaque théorie scientifique a proposé une grammaire de son propre cadre objectuel, ou qu'elle a exprimé un corps d'assertions sur une sphère d'objets modelés suivant des règles et des procédures dont la définition reste immanente à la grammaire (c'est-à-dire aux catégories de l'usage logico-linguistique) disciplinant l'entière stratégie du raisonnement scientifique. En ce sens, une théorie scientifique formule des assertions sur un champ d'objets dont elle a par anticipation construit la définition. Une doctrine scientifique n'en supplante pas une autre en en laissant intact le statut objectuel, c'est-à-dire les règles et les catégories d'usage du concept d'« objet », pas plus qu'en laissant inchangé le système des normes de validation et de légitimation auquel doivent se soumettre les assertions scientifiques.

Chaque doctrine scientifique établit ses propres théorèmes en construisant un nouveau modèle grammatical d'objectivité et un nouveau système de normes de validité et de techniques décisionnelles sur les cendres des modèles objectuels et des paradigmes décisionnels des théories supplantées. Dès lors, une théorie scientifique propose à chaque fois un panorama catégorial nouveau. En poussant les choses un peu plus loin, on a pu reconnaître dans l'apparat catégorial et dans le corps de la légalité naturelle exprimés par le savoir scientifique la présence d'une effroyable tautologie. Ce caractère tautologique a trouvé sa version théorique dans l'épistémologie conventionnaliste, et une autre encore (introduite cependant pour des raisons extrêmement différentes) dans l'analyse du langage. Ce qui n'avait été qu'un soupçon ou qu'un avertissement latent s'est alors déchaîné sous la forme d'une autolégitimation délibérée.

Mais c'est là une vieille histoire, qui a peut-être débuté dans la culture du XVIIe siècle, au moment où le discours scientifico-philosophique posait le problème de sa propre validité dans les termes d'un système autoréférentiel, et cela grâce à la stratégie d'une technique méthodologique enrichie de nouveaux instruments analytiques. L'innéisme cartésien n'est pas simplement la projection d'un domaine d'objets intelligibles en-dehors de l'expérience. Il est le symptôme même d'une position affirmant que le savoir scientifique doit inévitablement représenter les objets physiques, la substance étendue, à partir d'un modèle conceptuel qui a été formé antérieurement à l'expérience : un modèle inné, précisément. En parlant du morceau de cire placé devant lui [1], *Descartes équipait la grammaire par laquelle devait se décider le mode de référence aux objets*. Les assertions scientifiques devaient se soumettre aux règles d'après lesquelles un modèle grammatical d'un certain type autorisait l'accès au domaine des objets. En ce sens, une assertion scientifique se trouvait engagée – par la grammaire admise – à se conformer à un système de référence objectuelle et à des normes de validité

1. R. Descartes, *Meditationes de prima philosophia*, II, dans *Œuvres*, publiées par Ch. Adam et P. Tannery, vol. VII, Paris, Vrin, 1996, p. 30 *sq*.

préalablement définis. N'est-ce pas là ce que Descartes voulait dire lorsqu'il décida que toute assertion susceptible de s'avérer vraie devait se conformer au modèle d'évidence du *cogito*? N'était-ce pas là ce que Descartes entendait affirmer lorsqu'il reprochait à Bacon le fait que la méthode d'induction empirique conduisait à formuler des règles superflues et même fausses, du moment que pour connaître la vérité il faut déjà la posséder?

> Il faudrait principalement faire des Recueils généraux de toutes les choses les plus communes, et qui sont très certaines, et qui se peuvent savoir sans dépense [...] car ce sont celles qui servent infailliblement en la recherche de la vérité. Pour les plus particulières, il est impossible qu'on n'en fasse beaucoup de superflues, et même de fausses, si on ne connaît la vérité des choses avant que de les faire [1].

Le critère d'évidence formulé par Descartes dérive d'une grammaire nouvelle des assertions scientifiques et philosophiques qui conforme la validité des énoncés au modèle de l'autoréférence. L'évidence cartésienne définie en termes d'*autoréférence analytique* établit le modèle grammatical destiné à ratifier les assertions.

Plus tard, dans sa *Phénoménologie de l'Esprit*, Hegel devait se montrer sensible à cette stratégie théorique qui conforme la validité de ses propres procédures à un critère antérieurement admis et défini du vrai. Sous les figures de la *Conscience*, la *Phénoménologie* expose les aventures complexes qui surviennent au cours d'un déséquilibre permanent entre le critère du vrai adopté et la structure scientifique de l'objet. L'aventure dont Hegel fait le récit est cependant très différente de la stratégie grammaticale-analytique tracée par Descartes, même si les analogies formelles entre les deux procédures ne manquent pas. Dans les figures de la

1. Lettre de Descartes à Mersenne du 23 décembre 1630, dans R. Descartes, *Œuvres*, *op. cit.*, vol. I, p. 196.

Conscience de sa *Phénoménologie*, Hegel montre que l'objet ne parvient pas à s'adapter avec succès au module du vrai préalablement adopté par la certitude sensible, par la perception, et finalement par l'entendement en connexion avec la grammaire de l'objet qui a été admise. Hegel entendait dissoudre la matrice géométrique du modèle objectuel. L'objet devait s'émanciper jusqu'à parvenir au statut de sujet d'une autoréflexion, bouclant ainsi le circuit de toute une stratégie idéaliste.

Pour revenir à Descartes, celui-ci avait cerné précisément en Bacon son double épistémologique, alors même qu'il avait reproché au Lord Chancelier le fait qu'amasser des expériences en faisant abstraction de l'approche d'une sélection du modèle de vérité préalablement accepté, conduisait à la fausseté ou à des opérations aussi stériles qu'inutiles. D'après Descartes, il fallait connaître la vérité pour être ensuite en mesure d'aller la rechercher. Bacon n'avait pas pris ses distances avec l'expérience : il s'était mis immédiatement à l'interroger sans les instruments analytiques appropriés, raison pour laquelle, d'après Descartes, il n'aurait jamais rencontré le succès. C'est un peu comme si Descartes avait dit : si vous voulez parler des objets, alors vous devez en parler aux conditions grammaticales qui sont telles et telles, à supposer que vous vouliez former des énoncés scientifiquement respectables. Ou encore : donnez-moi les règles et les modèles objectuels d'après lesquels vous entendez parler du monde naturel, et ensuite nous verrons bien.

L'envahissement analytique du modèle épistémologique cartésien est de plus la condition à laquelle est imputé le tissu des relations subsistantes entre les constructions conceptuelles de la théorie. *L'organe de l'intuition cartésienne a lu un ordre d'évidences intellectuelles* au sein d'un domaine d'entités métaphysiques telles que les substances étendues, les substances pensantes et Dieu. Le statut grammatical que Descartes leur a accordé est responsable d'un ordre de relations logicométaphysiques structuré depuis toujours. Plus spécifiquement, dans le cadre du raisonnement physique, la réduction de la matière à l'étendue et le modèle mécaniste fondé sur la cinétique locale des corps constituent les paramètres grammaticaux d'une méthodologie cinématico-géométrisante à laquelle sont soumis les énoncés scientifiques. Le refus cartésien du modèle de l'action à distance, du magnétisme, de l'interprétation de la gravité en termes d'effets dérivés de la collision d'éléments matériels; ou encore, la description du mouvement d'un corps, par exemple d'une balle par rapport à un système de surfaces, et cela exclusivement en termes de distribution de « *déterminations* » [1], c'est-à-dire de directions différentes, sans fournir de référence auxiliaire à la causalité proprement physique, expriment les modalités de l'explication scientifique qui sont immanentes au paradigme grammatical de l'objet physique et aux techniques de décision et de légitimation préalablement admis. Les relations entre les grandeurs physiques de la théorie cartésienne sont établies au sein d'un modèle d'évidence qui est médiatisé par le savoir mathématique. Mais l'on sait aussi que Descartes formula sa grammaire scientifico-philosophique dans les termes d'un langage ontologique. Les mouvements stratégiques codifiant les modèles grammaticaux des assertions physiques qui pouvaient être légitimées prirent alors le style d'une ontologie.

Il en allait de même pour Galilée, dont le point de départ s'ancrait dans un dispositif métaphysico-mathématique; d'après lui, le langage et l'apparat catégorial de la mathématique définissaient simultanément la duplicité des fonctions d'un instrument qui reflète la structure profonde et réelle du cosmos (au-delà des apparences trompeuses et subjectives des sens), et qui établit également la condition méthodologique de garantie et de

1. *Cf.* R. Descartes, *La Dioptrique*, « Discours Second », dans *Œuvres*, *op. cit.*, vol. VI, p. 93 *sq.*

légitimation des assertions scientifiques. « La philosophie est écrite dans cet immense livre qui se tient toujours ouvert devant nos yeux, je veux dire l'Univers, mais on ne peut le comprendre si l'on ne s'applique d'abord à en comprendre la langue et à connaître les caractères avec lesquels il est écrit. Il est écrit dans la langue mathématique et ses caractères sont des triangles, des cercles et autres figures géométriques, sans le moyen desquels il est humainement impossible d'en comprendre un mot. Sans eux, c'est une errance vaine dans un labyrinthe obscur »[1]. Dans ce texte, Galilée montrait en quoi il assumait un apparat grammatical de règles et d'usages en termes d'explicitation théorique de la structure du cosmos. La mathématique reflétait la structure du cosmos, mais elle s'avérait être en même temps un instrument théorique d'établissement d'un système de légitimations et d'exclusions, d'interdits dans l'espace du discours. Car non seulement la mathématique fournit des modèles objectuels pour contracter l'expérience physique, mais elle fournit également les instruments linguistico-conceptuels permettant de calculer les éventuelles déviances que le monde physique présenterait par rapport aux paradigmes grammaticaux présélectionnés. En un mot, Galilée conçoit le rapport entre le modèle objectuel de type géométrique et la réalité du monde physique – contre la thèse de son interlocuteur aristotélicien qui soutient leur irréductibilité – en termes d'un problème sereinement résoluble dans le cadre de la grammaire scientifique adoptée.

Au cours de la première journée des *Discorsi e dimostrazioni matematiche intorno a due nuove scienze*, Salviati et Sagredo parlent de l'arsenal de Venise et considèrent la réponse donnée par un des deux protes (ainsi appelés « du fait d'une certaine

1. G. Galilei, *Il Saggiatore*, in *Opere*, Firenze, ristampa Edizione nazionale, 1933, vol. VI, p. 232 ; trad. fr. Ch. Chauviré, *L'Essayeur*, Paris, Les Belles Lettres, 1979, p. 141.

prééminence qu'ils ont sur le reste des ouvriers » [1]) à la question de savoir pourquoi les vaisseaux exigent « un ensemble de supports, échafaudages et autres appareils de soutènement, bien plus importants autour de ces grandes galéasses en attente de lancements, que pour les navires plus petits » [2]. Le prote considérait qu'en général on ne peut pas passer simplement et linéairement des petites machines aux grandes, « car de nombreuses inventions de machines qui réussissent en petit ne peuvent prendre corps en grand » [3]. Mais Sagredo fait objection à cette réponse : « les raisons de la mécanique trouvent leurs fondements dans la géométrie où je ne vois pas que la grandeur ou la petitesse confèrent aux cercles, aux triangles, aux cylindres, aux cônes et à toute autre figure solide, tantôt certaines passions et tantôt certaines autres » [4]. Si une machine est fabriquée selon les proportions d'une machine de dimension inférieure, pourquoi devrait-elle en effet offrir une moindre résistance et être sujette à la destruction ?

Salviati, l'interlocuteur galiléen, répond à Sagredo que « le discours de l'opinion populaire est absolument vain » [5]; par ailleurs, *on ne peut imputer la cause de la moindre résistance et solidité des grandes machines par rapport à celles de plus petites dimensions à l'« imperfection de la matière »*. En réalité, d'après Salviati, même « en faisant abstraction de toutes les imperfections de la matière et en la supposant absolument parfaite et inaltérable, exempte de toute mutation accidentelle », néanmoins « son simple être matériel fait que la machine la plus grande, fabriquée avec la même matière et les mêmes proportions que la plus petite,

1. G. Galilei, *Discorsi e dimostrazioni matematiche intorno a due nuove scienze*, in *Opere*, *op. cit.*, vol. VIII, p. 49; trad. fr. M. Clavelin, *Discours concernant deux sciences nouvelles*, Paris, P.U.F., 1995, p. 7. [Nous ne suivrons pas entièrement la traduction de Clavelin, souvent réductrice – N.D.T.].

2. *Ibid.*, p. 50; trad. fr., p. 7.

3. *Ibid.*

4. *Ibid.* ; trad. fr., p. 7-8.

5. *Ibid.* ; trad. fr., p. 7.

répondra dans toutes les autres conditions avec juste symétrie à la plus petite, en-dehors de sa robustesse et de sa résistance aux chocs violents; mais plus elle sera grande, plus à proportion elle sera fragile». Mais le concept de matière de Salviati est le modèle grammatical d'une substance inaltérable qui est « toujours semblable à elle-même»; raison pour laquelle «il est manifeste que d'elle, comme de toute affection éternelle et nécessaire, on peut produire des démonstrations non moins rigoureuses que les autres et également mathématiques». Salviati note que les machines de grandes dimensions, faites du même matériau, «en respectant fidèlement les mêmes proportions entre leurs parties», sont «en proportion moins résistantes que les plus petites», comme on peut «géométriquement le démontrer»[1]. Non seulement les machines artificielles, mais également les machines naturelles doivent respecter la limite qui est inéluctablement assignée à leur dimension. Un chien ou un enfant peuvent en tombant ne se faire aucun mal, là où un cheval se rompra les os; «comme les animaux plus petits sont proportionnellement plus robustes et plus forts que les plus grands, de même les plantes plus petites se maintiennent mieux que les plus grandes»[2].

Galilée s'attaquait ainsi au problème des rapports entre géométrie et physique: l'attribution aux imperfections de la matière des différents degrés de résistance entre les machines – pour des machines ayant les mêmes proportions entre leurs parties, mais qui sont de dimensions différentes – s'est vue repoussée en considérant que la même condition de disparité se reproduit aussi bien entre machines construites avec le même matériau qu'entre machines qui seraient faites d'une matière « absolument parfaite et inaltérable ».

1. *Ibid.*, p. 51; trad. fr., p. 8.
2. *Ibid.*, p. 52; trad. fr., p. 9.

Le recours de l'interlocuteur aristotélicien Simplicio à l'imperfection de la matière pouvait signifier qu'il y aurait une limite inéluctable à la validité des fondements géométriques de la science mécanique, à savoir un écart entre le modèle grammatical de la science mathématique et le monde physique. Dans le cadre de cette argumentation, la réponse de Galilée *est précisément destinée à éviter une non-congruence et une irréductibilité entre matière et géométrie, entraînant la différence entre les coefficients de résistance des machines de dimensions différentes (mais d'égales proportions entre leurs parties respectives), toujours selon le modèle grammatical de la mathématique*. Les objets physiques ne sauraient se soustraire aux fondements géométriques de la mécanique, pas plus qu'ils ne sauraient les démentir, dès lors que les éventuelles conditions d'une non-congruence apparente sont, à leur tour, traductibles à l'intérieur du modèle de savoir mathématique. En réalité, Galilée montrait comment les divers comportements physiques des machines – qu'elles soient artificielles ou naturelles – *constituaient une condition appréciable du seul point de vue du modèle mathématique, c'est-à-dire comment ils étaient imputables à la dimension de la construction*.

C'était donc le paradigme géométrique de la dimension qui établissait, dans un certain intervalle de valeurs des mesures effectuées, la *limite* de résistance à laquelle pouvait être soumise la construction d'un objet physique quelconque (hommes, animaux, plantes, machines) – et *non le concept qualitatif d'une matière plus ou moins imparfaite*, qui se soustrairait aux modules de l'apparat linguistico-logique de la mathématique. Bien que ce soit dans un langage qui n'est pas exempt d'implications ontologiques, Galilée a inauguré la grandiose orientation scientifico-philosophique qui, à trois siècles de distance, a reçu sa sanction avec la thèse de Hilbert selon laquelle « au commencement est le signe» (*am Anfang ist das Zeichen*)[1]. Lorsque Galilée observe que, même si l'on suppose la matière parfaite et inaltérable, cela n'empêche pas que «plus [la machine] sera grande, plus à proportion elle sera fragile»[2], il ne fait que se réclamer de cette condition selon laquelle toute question sur les objets physiques ne peut être décidée qu'au sein du module catégorial de la grammaire scientifique qui a été adoptée. Loin d'être contaminées par ce qu'on appelle les imperfections d'une matière irréductible, les démonstrations mathématiques constituent les conditions du modèle grammatical où la possibilité de déterminer le statut du comportement des objets physiques s'avère immanente. Galilée a transformé le problème de la matière plus ou moins parfaite en un problème qui n'est décidable qu'en termes de modèle linguistico-mathématique.

Le thème de l'applicabilité de la géométrie à l'étude du monde physique se présente à nouveau au cours de la deuxième journée du *Dialogo sopra i due massimi sistemi del mondo*. Se réclamant d'Aristote, Simplicio revendique la non-congruence et l'irréductibilité du monde physique à la mathématique. Les mathématiciens ont certes un beau parler, mais quand ensuite arrive le moment d'une confrontation avec l'expérience physique, «les choses prennent un autre tour». On peut toujours démontrer que *sphaera tangit planum in puncto*; mais en réalité, affirme Simplicio, les calculs des mathématiciens «échouent quand on en vient aux choses matérielles et sensibles»[3]. Par la bouche de Salviati, Galilée établit la validité de l'assertion selon laquelle la

1. *Cf.* D. Hilbert, *Neubegründung der Mathematik*, *Abhandlungen aus dem Mathematischen Seminar der Hamburg Universität*, vol. I (1922); cf. *Gesammelte Abhandlungen*, Zweite Auflage, Berlin-Heidelberg, Springer, 1970, vol. III, p. 163.

2. G. Galilei, *Discorsi e dimostrazioni matematiche intorno a due nuove scienze*, *op. cit.*, p. 51; trad. fr., p. 8.

3. G. Galilei, *Dialogo sopra i due massimi sistemi del mondo*, in *Opere*, *op. cit.*, vol. VII, p. 229; trad. fr. R. Fréreux, *Dialogue sur les deux grands systèmes du monde*, Paris, Seuil, p. 218 (traduction modifiée).

tangente touche la surface de la sphère *en un point*, en engageant les termes de la question au sein du modèle grammatical géométrique où sont immanentes les conditions sur la base desquelles il est permis d'en parler.

> SALVIATI : À présent, pour vous montrer combien est grande l'erreur de ceux qui déclarent qu'une sphère, par exemple de bronze, ne touche pas un plan, par exemple en acier, en un point, dites-moi quelle idée vous vous feriez de quelqu'un affirmant obstinément que la sphère ne serait pas une sphère.
> SIMPLICIO : Je le tiendrais pour absolument privé de raison.
> SALVIATI : Tel est celui qui affirme que la sphère matérielle ne touche pas un plan, lui-même matériel, en un point, car une telle affirmation revient à dire que la sphère n'est pas une sphère [1].

Salviati observe que « l'essence de la sphère » tient dans la propriété selon laquelle toutes les lignes droites menées du centre à la circonférence sont égales ; il rappelle en outre le postulat selon lequel entre deux points passe une droite et une seule. Or, imaginons deux sphères matérielles qui se touchent et dont les centres A et B sont reliés par la droite AB passant elle-même par le point C (qui est le point de contact) ; d'après la thèse de l'aristotélicien Simplicio – pour qui la sphère matérielle, à la différence de la sphère purement idéale, ne peut toucher une autre sphère matérielle en un seul point, mais « sur une partie de sa surface » –, il devra y avoir un autre point de contact D. En menant les droites AD et BD, qui relient le point de contact D aux centres des deux sphères, on obtiendra le triangle ADB dans lequel les deux côtés AD et BD devront s'avérer égaux au côté ACB, du moment que tous ces côtés sont des rayons qui, par définition de la sphère, sont égaux. Dès lors, la droite AB ne sera pas la seule qui passe entre les points A et B, puisque AD et DB sont égaux à AB. Mais cette

1. G. Galilei, *Dialogo sopra i due massimi sistemi del mondo, op. cit.*, p. 230 ; trad. fr., p. 219 (modifiée).

conclusion est absurde car elle contredit le postulat selon lequel entre deux points ne passe qu'une droite et une seule.

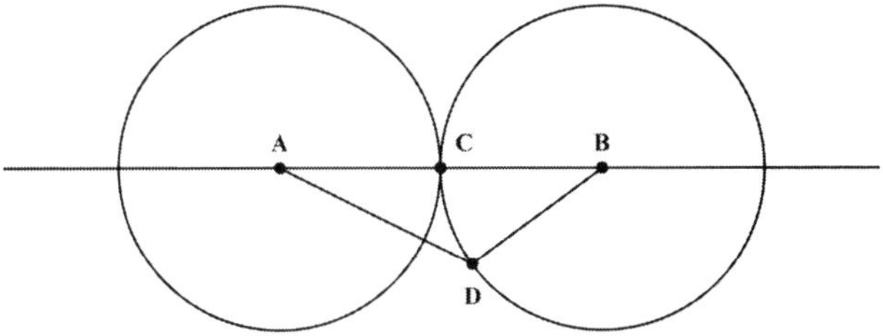

C'est pourquoi les deux sphères matérielles se touchent en un point seulement, de même qu'analogiquement la sphère matérielle touche le plan en un seul point[1].

L'aristotélicien Simplicio, qui est à la chasse des raisons établissant l'irréductibilité du monde physique aux modèles du langage mathématique, réplique que la démonstration de Salviati est valide pour les sphères idéales et abstraites, mais non pour des sphères matérielles[2]. Pour lui, les sphères matérielles sont soumises à des conditions physiques qui finissent par contredire les conséquences tirées des objets géométriques supposés exempts des modifications intervenant dans le cadre physique réel.

> SIMPLICIO : [...] Et pourquoi ne peut-il se faire que, posant une sphère de métal sur un plan, son propre poids ne presse de telle façon que le plan cède quelque peu, et à vrai dire que la sphère elle-même ne s'aplatisse au contact ? [...] Et peut-être ne sera-t-il pas moins difficile de trouver une sphère si parfaite que toutes les lignes allant du centre à sa surface soient absolument égales[3].

1. G. Galilei, *Dialogo sopra i due massimi sistemi del mondo*, *op. cit.*, p. 230-232 ; trad. fr., p. 218-221.

2. *Ibid.*, p. 232 ; trad. fr., p. 221.

3. *Ibid.*, p. 233 ; trad. fr., p. 221 (modifiée).

C'est sur ce point que Galilée met en évidence la fonction que remplit le modèle objectuel du langage géométrique. Les paradigmes définitoires de la science géométrique constituent les conditions sous lesquelles Galilée est disposé à parler des objets physiques; *dès lors qu'on veut tirer ou faire valoir des conséquences qui contredisent les modèles définitoires de la géométrie et leurs implications, cela signifie tout simplement qu'on parle d'autre chose*. Supposer, comme le fait l'interlocuteur aristotélicien, que les sphères matérielles *s'aplatissent* (ce qui ne saurait arriver à des « sphères idéales ») implique une opération grammaticale incorrecte qui consiste en un acte de violation des paradigmes et des modèles définitoires et grammaticaux des objets préalablement admis. Si une sphère s'aplatit, alors cela signifie tout simplement qu'elle n'est plus une sphère; on ne peut prétendre parler de sphères aplaties si l'on veut traiter de sphères.

> SALVIATI : Oh, toutes ces choses je vous les concède bien volontiers, mais elles sont absolument hors de propos; car, tandis que vous voulez me montrer qu'une sphère matérielle ne touche pas un plan matériel en un point, vous vous servez d'une sphère qui n'est pas une sphère et d'un plan qui n'est pas un plan [1].

Ce qui est ici en jeu entre aristotélisme et galiléisme, c'est le droit théorique de soustraire le monde physique aux modèles et à l'apparat catégorial du langage géométrique. Simplicio affirme qu'en effet « il n'y a pas de doute que l'imperfection de la matière fait que les choses prises dans le concret ne correspondent pas aux choses considérées dans l'abstrait » [2]. Galilée surmonte cette difficulté en étendant le cadre de l'applicabilité et de la validité du modèle grammatical géométrique de manière à y inclure ces cas, ces circonstances, ces objets qui, d'après l'interlocuteur aristotélicien, se soustrairaient au modèle en question. Salviati réplique

1. *Ibid.*
2. *Ibid.*; trad. fr., p. 222.

en ce sens que l'applicabilité de la science géométrique au monde physique n'est pas conditionnée ni empêchée par les *imperfections* de la matière, par les accidents et la casualité auxquels sont soumis les objets physiques.

> SALVIATI : Ne dites-vous pas qu'à cause de l'imperfection de la matière, ce corps qui devrait être parfaitement sphérique, et ce plan qui devrait être parfaitement plan, ne sont pas dans le concret tels qu'on les imagine dans l'abstrait ?
> SIMPLICIO : C'est ce que je dis.
> SALVIATI : Par conséquent, toutes les fois que vous appliquez dans le concret une sphère matérielle sur un plan matériel, vous appliquez une sphère imparfaite sur un plan imparfait ; et vous dites qu'ils ne se touchent pas en un point. Or, moi je vous dis que même dans l'abstrait, une sphère immatérielle qui ne serait pas une sphère parfaite, peut toucher un plan immatériel, qui ne serait pas un plan parfait, non pas en un point, mais sur une partie de sa surface ; de telle manière que ce qui arrive dans le concret arrive de la même façon dans l'abstrait : et ce serait bien chose nouvelle que les calculs et les raisons avec des nombres abstraits ne correspondissent point dans le concret aux monnaies d'or et d'argent ni aux marchandises [1].

Galilée transforme ce qui était un problème quant à la connexion entre modèles objectuels du langage géométrique et monde des choses physiques en un problème grammatical, en ce sens qu'il est impliqué et traité en termes immanents à l'apparat grammatical des catégories objectuelles de la géométrie. Ce que l'interlocuteur aristotélicien dénonçait comme une condition d'incompatibilité et d'irréductibilité entre physique et géométrie se transforme, grâce à Galilée, en une distinction des modules objectuels au sein de l'apparat linguistico-catégorial de la science géométrique. Une sphère, s'il s'agit bien d'une sphère, c'est-à-

1. *Ibid.*, p. 233-234 ; trad. fr., p. 222 (modifiée).

dire si elle répond effectivement aux réquisits définitoires du module objectuel introduit, touche le plan ou une autre sphère *en un point*, que nous décidions de prendre en considération des sphères abstraitement conçues, idéales, ou que nous considérions des sphères matérielles obtenues par des processus physiques concrets. Inversement, si un objet est une sphère imparfaite – c'est-à-dire s'il ne répond pas aux réquisits définitoires du module objectuel géométrique authentifié par le mot « sphère » –, il ne touchera pas le plan en un point, mais sur une zone de contact plus ou moins étendue, qu'il s'agisse d'une sphère idéale imparfaite ou d'une sphère matérielle imparfaite. Galilée assume le problème de la connexion géométrie-physique au sein du modèle grammatical de la géométrie. Cela signifie que les imperfections ou les déformations sur lesquelles s'appuyait l'argumentation de l'interlocuteur aristotélicien représentent des conditions qui, d'après Galilée, ne manifestent aucune limite de validité ou d'applicabilité du module objectuel géométrique, mais expriment des différences, des distinctions traitables et mesurables à l'intérieur de la grammaire du langage géométrique. Celles que Simplicio dénonce comme conditions de répugnance des objets physiques concrets à l'égard des modèles objectuels de la science géométrique peuvent être réabsorbées au sein de ces modèles en vertu de l'instrument de mesure qui leur est immanent et qui permet de calculer le coefficient de *déviance* des objets physiques par rapport aux paradigmes définitoires de la science géométrique.

> SALVIATI : Mais savez-vous, Signor Simplicio, ce qui se passe ? De même que si l'on veut que les calculs tournent rond à propos des sucres, des soies et des laines, il faut que le comptable fasse ses tares de caisses, d'enveloppes et autres emballages, de même quand le philosophe géomètre veut reconnaître dans le concret les effets qu'il a démontrés dans l'abstrait, *il lui faut défalquer les empêchements dus à la matière* ; et s'il sait le faire, je vous assure

que les choses seront *comparables dans leur ajustement aux calculs arithmétiques*[1].

Galilée se refusait de sortir du modèle géométrique car celui-ci constitue le cadre au sein duquel sont décidables toutes les questions se référant au modèle géométrique choisi. Les déviances manifestées par les corps physiques concrets *ne contredisent pas* un tel modèle et ne constituent pas une limite de son applicabilité, dès lors que lui-même est en mesure de les contrôler. En d'autres termes, prendre en considération des sphères parfaites (abstraites, idéales ou même matérielles) ou des sphères imparfaites, déformées, aplaties (idéales ou matérielles) ne fait aucune différence du côté de l'opération mathématique. Dans le premier cas, on mesurera les corps pour lesquels les droites menées du centre à la circonférence sont égales; dans le second, on mesurera en revanche le coefficient des inégalités des diamètres considérés. Les « imperfections » physiques invoquées par l'aristotélicien Simplicio sont *mathématiquement traitables* de manière tout aussi satisfaisante que les choses qu'on veut définir comme « parfaites », c'est-à-dire conformes aux réquisits des paradigmes définitoires adoptés[2]. Les imperfections, les casualités, les accidents propres au domaine ontologique des choses physiques réelles invoquées par le philosophe aristotélicien n'impliquaient pas un démenti du modèle grammatical de la géométrie, dès lors qu'elles se limitaient à tracer des distinctions contrôlables à l'intérieur de l'apparat linguistico-catégorial admis.

1. *Ibid.*, p. 234; trad. fr., p. 222 (modifiée).
2. *Ibid.*

CHAPITRE II

LE MODÈLE GRAMMATICAL OBJECTUEL

En ce qui concerne les procédures de contrôle ou les techniques de décision des assertions scientifiques, les interprétations sociologiques de la connaissance ne se sont pour la plupart guère engagées dans les questions de formation et de structuration des apparats catégoriaux, des habitus conceptuels de légitimation des doctrines scientifiques. Le plus souvent, on s'est limité à déterminer les conditions historiques au sens large qui auraient promu un nouveau module de recherche scientifique. Est ainsi demeurée inexplorée une vaste zone située entre les conditions déterminantes – auxquelles est imputée la production de la science – et le procès effectif de structuration et de systématisation d'une théorie scientifique. Ainsi, par exemple, sur la base d'une imputation de la science à un intérêt pour la disposition technique, pour la domination de la nature, quelles différences pourra-t-on repérer entre Galilée, Descartes et Newton ? Le problème central est de toute façon toujours celui de la connexion entre les matrices d'imputation au sens historico-social d'un côté, et l'organisation spécifique des apparats catégoriaux, des techniques de légitimation des théories scientifiques de l'autre. Les analyses des sociologues de l'École de Francfort, par exemple, restent tout à la fois externes et génériques, car elles restreignent le sens de la science à la formule stéréotypée de la disposition sociotechnique sur la nature. Ces analyses produisent une sociologie de la connaissance qui se réduit à un schème rigide des théories scientifiques dont elles parlent, comme s'il s'agissait d'objets simples et élémentaires qu'on pourrait désigner par des formules à la fois simplifiées et générales.

Mais la compréhension des procédures de la recherche scientifique ne peut s'épuiser dans la référence à une imputation utilitariste formulée en termes de disposition pragmatique de la nature. Ce n'est pas un hasard si la sociologie de la connaissance qui opère sur ce terrain se voit contrainte de contracter la dimension historique du développement scientifique dans des formules hyper-simplifiées et valables en toutes circonstances. Les imputations de type pragmatico-économiste de la science expriment, à partir de Berkeley, une attitude interprétative réductrice et simplificatrice, en fixant dans un schème générique d'utilité le sens d'une analyse qui devrait au contraire s'intéresser à la formation des dispositifs catégoriaux, des apparats grammaticaux, des procédures inférentielles et des paradigmes de légitimation des théories scientifiques. Toutes choses que l'interprétation traditionnelle de type économiste, qui est reversée ensuite dans la sociologie de la connaissance, ne saurait expliquer à partir du schème du « pouvoir de disposition technique ».

Ce n'est pas un hasard si la sociologie de la connaissance, qui réduit le savoir scientifique au pouvoir de disposition technique de la nature, finit paradoxalement par retrouver le cadre des interprétations de la science exprimées (sur la base de motivations différentes, certes) par les doctrines modernes de l'ontologie à la Heidegger, pour qui l'organisation logico-mathématique et les dispositifs technico-expérimentaux de la science moderne expriment *une époque* de l'Être, *un destin* de la métaphysique[1].

1. « La science moderne à la fois se fonde et se spécialise dans des projets de régions objectives déterminées (*Gegenstandsbezirke*). Ces projets se développent

Une imputation de ce genre – et toutes celles qui, bien qu'issues de présupposés philosophiques différents, lui sont formellement analogues – ne propose évidemment aucune élucidation de la structure catégoriale, ni de l'organisation technico-expérimentale des théories scientifiques; elle se limite à projeter le savoir scientifique sur l'écran d'une arrière-scène métaphysique. Le problème de l'élucidation des catégories de la science est remplacé par la recherche du motif métaphysique qui se tiendrait dans le dos de la pratique scientifique. Le vice philosophique qui se niche dans les interprétations qui entendent assigner des *fondements* de type spéculatif au savoir scientifique consiste avant tout dans leur stérilité: par exemple, l'affirmation heideggerienne selon laquelle la science moderne est un destin de l'Être n'est d'aucune utilité, du moment que le schéma de l'« époque de l'Être » – qui devrait faire office de fondement – est lui-même aussi vide qu'indigent, et a besoin d'être rempli par le contenu de ce savoir scientifique qui devrait en outre être « constitué » ou « fondé ». En réalité, les interprétations métaphysico-spéculatives de la science n'ont pas comme finalité une *fonction cognitive*, mais bien d'autres buts visant, comme nous le verrons, à définir

dans des procédures correspondantes, garanties par un certain type de rigueur. Les procédures singulières s'organisent sur des bases opératoires. [...] Nous sommes en train d'examiner l'essence (*das Wesen*) de la science moderne en vue d'en retracer le fondement métaphysique (*den metaphysischen Grund*). Quelle conception de l'étant et quelle doctrine de la vérité se tiennent au fondement de la constitution de la science en recherche ? Le connaître comme recherche veut que l'étant rende compte du comment et du combien de sa disponibilité pour la représentation. La recherche décide de l'étant, soit en en calculant anticipativement le cours futur, soit en en complétant le cours passé. Dans le premier cas, est pour ainsi dire posée la nature ; dans le second, l'histoire. Nature et histoire deviennent les objets d'une représentation explicative. [...] La science devient recherche quand l'être de l'étant s'en remet à une telle objectivité (*das Sein des Seienden in solcher Gegenständlichkeit*) », M. Heidegger, « Die Zeit des Weltbildes », in *Holzwege*, Frankfurt am Main, Klostermann, 1952[2], p. 79-80; trad. fr. W. Brokmeier, « L'époque des "conceptions du monde" », dans *Chemins qui ne mènent nulle part*, Paris, Gallimard, 1962, p. 78-79 (traduction modifiée).

des fondements fictifs du savoir scientifique; fondements qui devraient nous protéger *à l'égard de* la science, en lui retirant des secteurs qui doivent rester du domaine exclusif de spéculations arbitraires et incontrôlées. Le thème des fondements (qu'ils soient métaphysiques ou transcendantaux) remplit en réalité une fonction d'évitement culturel.

La polémique contre *l'objectivité naïve* de la science, exprimée par exemple par la phénoménologie husserlienne, s'avère opérante dans l'interprétation de la science (qui a naturellement des finalités différentes) exprimée par l'École de Francfort, et tout particulièrement dans les travaux de Jürgen Habermas qui, par rapport à ses prédécesseurs, tend en outre à une récupération de la fonction du savoir scientifique [1].

Face au *schème objectuel*, quelle position l'épistémologie doit-elle alors adopter? Si l'on entend par là un concept de réalité indépendante (ou un concept générique d'objectivité) dont la subsistance n'est fonction ni de la perception, ni des constructions conceptuelles, ni des méthodes, il ne fait aucun doute que les théories phénoménistes qui saisissent les objets dans les constructions logiques des données des sens (*sense-data*, *Erlebnisse*), les ramifications de la tradition idéaliste ou les écoles qui en

1. « L'attitude positiviste cache la problématique de la constitution du monde (*Weltkonstitution*). *Le sens de la connaissance elle-même devient irrationnel*, au nom de la connaissance rigoureuse. De cette manière ne réussit à dominer que l'idée naïve selon laquelle la connaissance décrirait la réalité. Lui correspond la théorie du reflet de la vérité d'après laquelle l'ordonnancement réversiblement univoque des assertions et des contenus doit être conçu comme isomorphe. Cet objectivisme est resté jusqu'à aujourd'hui le signe d'une théorie de la science entrée en scène avec le positivisme de Comte. [...] L'objectivisme qui fait miroiter à la science un en-soi de faits structurés selon des lois masquant ainsi la constitution *a priori* de ces mêmes faits, ne peut plus être efficacement dépassé de l'extérieur, à partir de la position d'une théorie de la connaissance renouvelée, mais seulement à travers une méthodologie qui transcende ses propres limites », J. Habermas, *Erkenntnis und Interesse*, Frankfurt am Main, Suhrkamp, 1968, p. 90-91; trad. fr. G. Clémençon, *Connaissance et intérêt*, Paris, Gallimard, 1976, p. 103-104.

quelque manière se reconnectent au transcendantalisme kantien, révoquent en ce sens le statut d'une réalité indépendante des opérations cognitives.

Pour ma part, en remettant en question le modèle objectuel (en rapport avec des conditions bien définies, comme on va le voir), je n'entends évidemment pas compromettre la condition d'une réalité indépendante ou objective. *Révoquer le modèle objectuel signifie simplement modifier la stratégie grammaticale de nos comportements linguistiques.* Il est possible de construire un modèle grammatical de notre langage qui soit soustrait à l'envahissement du schème « objet-désignation ». On sait parfaitement que des systèmes logiques et épistémologiques entiers comme les *Principia Mathematica* de Whitehead et Russell ou les courants de l'atomisme logique étaient construits sur la base du modèle « objet-désignation ». L'articulation linguistico-logique de l'expérience en termes d'objets dépend non pas d'un statut ontologique fatal et inexorable, mais de la décision d'assumer *le modèle « sujet-prédicat » comme forme élémentaire de la proposition.* Il est possible d'introduire la description d'une situation, d'un événement ou d'un fait en adoptant des modèles grammaticaux (à savoir des modèles de catégories de l'usage linguistique) alternatifs. On peut, par exemple, décrire une pièce grâce à une équation physique qui assigne analytiquement une classe de termes d'observation à un *quadruple de coordonnées spatio-temporelles*, plutôt qu'en termes d'*objets* et de *propriétés* – ou de variables individuelles et de prédicats.

> Là où n'apparaît pas la forme sujet-prédicat on ne peut parler d'objets. [...] Je décris la surface de la pièce analytiquement par une équation et je fournis la distribution des couleurs sur cette surface. [...] Toute la conception des objets dépend par

conséquent de la manière la plus stricte de la forme sujet-prédicat des propositions [1].

En tant qu'éléments de la représentation, les termes de la multiplicité logico-mathématique avaient été conçus par Frege, Russell et le Wittgenstein du *Tractatus logico-philosophicus*, sous la forme d'objets, d'entités individuelles, discrètes, subsistantes par soi, accompagnées de telle ou telle propriété; il en était résulté un modèle qui avait projeté son ombre sur l'entière stratégie de la logique et de la doctrine des fondements de la mathématique, sans oublier la grammaire (c'est-à-dire les catégories d'usage) de notre langage. Par exemple, un énoncé généralisé impliquait (dans le cadre du modèle « sujet-prédicat ») l'énumération des objets qui saturaient la fonction assertorique correspondante, ainsi que la définition des conditions d'identité et de différence entre les objets impliqués dans la relation logique. L'assertion « tous les hommes dans cette pièce portent des pantalons » devait être fractionnée en un produit logique du type : « $\varphi a \cdot \psi a \cdot \varphi b \cdot \psi b \cdot \varphi c \cdot \psi c \cdot \sim \varphi x$ »; pareille assertion impliquait que x, qui ne portait pas de pantalons, était une variable individuelle dénotant un objet différent de a, b, et c, c'est-à-dire de tous les objets qui se trouvaient dans la pièce, autrement dit « $x \neq a$, $x \neq b, x \neq c$ ».

Les doctrines logiques de Frege, Russell et du Wittgenstein du *Tractatus* – qui s'étaient données des lois et des techniques d'inférence dont le statut était autonome et indépendant de l'expérience – opéraient par ailleurs sur leurs entités logico-mathématiques à l'instar de la chimie avec les substances. Le modèle grammatical de type objectuel, connecté à la forme sujet-prédicat, avait donc eu pour effet de *préétablir la forme logique des*

1. F. Waismann, *Wittgenstein und der Wiener Kreis*, éd. B.F. McGuinness, Frankfurt am Main, Suhrkamp, 1967, p. 41-42; trad. fr. G. Granel, *Wittgenstein et le Cercle de Vienne*, Mauvezin, T.E.R., 1991, p. 10.

propositions élémentaires. À un certain point, quelqu'un est apparu qui a modifié la manière de considérer ce genre de questions et qui s'est demandé : quel sens y a-t-il à préétablir ou à prédéterminer la forme logique des propositions élémentaires, à procéder à l'énumération des objets, à faire valoir le réquisit frégéen de la *complétude* dans les définitions des concepts, si les « objets » ne correspondent pas à un statut d'entités inévitables, naturelles, mais ne sont jamais que des instruments grammaticaux, des *Elemente der Darstellung*? Si les objets sont des éléments de la représentation, s'ils sont des instruments grammaticaux, quel sens cela peut-il avoir de *les compter*? Du moment que le concept d'objet assume le statut d'un module grammatical, il devient dispensable ; il cesse dès lors de discipliner – à travers la forme « sujet-prédicat » – l'entière stratégie par le « haut » de la logique. À partir de là, une proposition élémentaire peut prendre des formes imprévisibles. En ce sens, Wittgenstein pouvait affirmer que « pour l'ensemble des propositions élémentaires s'applique un principe qui sonne ainsi : la forme des propositions élémentaires ne peut être prévue »[1].

La représentation du monde physique se retrouve ainsi émancipée du disciplinement rigide du modèle objectuel connecté à la forme « sujet-prédicat ». Le symbolisme que Frege et Russell avaient élaboré en fonction de l'application de la logique au domaine des assertions mathématiques avait en fait été généralisé à la représentation du monde physique, aux énoncés auxquels est consignée la description de l'expérience commune. Mais le schème de la fonction propositionnelle « φx », où le φ désigne un prédicat et le x une variable individuelle qui « *tient lieu* » d'un objet, d'une chose, peut présenter des désavantages et des inconvénients par rapport aux modules grammaticaux alternatifs.

1. *Ibid.*, p. 42 ; trad. fr., p. 10.

La conclusion épistémologique de cet événement est que la description du monde physique et de l'expérience commune n'est pas consignée au disciplinement d'une stratégie normative d'ensemble, d'une stratégie « par le haut », exprimée par le module d'un symbolisme logique. En d'autres termes, les assertions élémentaires, c'est-à-dire les assertions qui décrivent des événements singuliers, des circonstances singulières de l'expérience, ne possèdent aucun modèle logico-grammatical prévisible, rigide et invariant. Elles ne sont aucunement tracées dans le dispositif d'ordre d'un modèle grammatical exclusif et inexorable. La forme de telles propositions reflète la variabilité et la révocabilité des modèles de communication connectés à l'organisation des formes de vie humaine.

Les hommes élaborent leurs modules grammaticaux en se confrontant à l'expérience, aux situations qui les entourent, et non à travers les embossages [1] d'un ordre idéal qui, pour ainsi dire, se manifeste à travers les choses ou les objets eux-mêmes. Le modèle objectuel des éléments de la représentation de l'expérience, ou les systèmes de la logique et de la mathématique, chacun dans leur domaine respectif, ne sont pas des descriptions ou des représentations de données de fait ou de structures idéales compactes, en soi achevées. Ils sont, ou bien ils reflètent, des procédures opératoires ; ce sont les symptômes de quelque chose que l'on a fait et que l'on a construit, plutôt que de quelque chose qu'on aurait simplement décrit ou entrevu.

La révocabilité d'un modèle grammatical unique et invariant a été sanctionnée sur le terrain de la recherche physique par la théorie quantique. Elle a dénoncé l'impossibilité d'un apparat

1. [L'*embossage* (italien : *incalco*) est la mise en relief, sur une carte de paiement, des indications permettant d'identifier le titulaire de cette carte (*Larousse*). Plus généralement, imprimer en relief sur un support rigide, par le verso, à l'aide d'un coin. En métallurgie, l'embossage est la poussée que l'on donne à la forme, après le jet de métal, afin que celui-ci parvienne au fond et soit réussi – N.D.T.].

catégorial et grammatical qui serait valide pour tous les systèmes possibles d'observation. Modules grammaticaux et paramètres de mesure divers ont été requis en fonction des différents dispositifs expérimentaux de vérification employés. En présence de situations expérimentales définies par des dispositifs techniques d'un certain type, sont utilisés un apparat catégorial et un formalisme mathématique différents de ceux employés dans le cas où l'on ferait varier les conditions des procédures expérimentales de vérification. La mathématique des ondes et la mathématique des particules constituent des modèles formels appropriés pour des systèmes différents de l'observation scientifique expérimentale.

CHAPITRE III

LES RITUELS ÉPISTÉMOLOGIQUES

1. *Procédures cognitives ou stratégies de disciplinement de la vie humaine ?*

La référence aux modèles grammaticaux, aux apparats catégoriaux, aux habitus conceptuels à travers lesquels a été historiquement filtrée l'expérience et sanctionnée la validité des raisonnements scientifiques, clôt-elle le discours sur les conditions de formation de nos systèmes conceptuels et de nos stratégies théoriques ? La matrice de la pratique philosophique et scientifique historiquement transmise réside-t-elle dans l'invention linguistique, dans l'imagination formatrice de modèles alternatifs de théories et de techniques de provocation de l'expérience ? À cet égard, il existe naturellement un vaste répertoire de questions et de réponses subséquentes; certaines d'entre elles expriment des malentendus systématiques, souvent imputables à des habitus intellectuels viciés par la rigidité et le préjugé.

Il est par exemple grossier de considérer que le savoir philosophique et scientifique serait le corps d'une formation cumulative d'explicitation linéaire des structures d'une réalité (qu'elle soit comprise par les philosophes idéalistes, réalistes ou matérialistes), si par une telle affirmation on veut entendre que le savoir scientifique serait une formation conceptuelle cumulative en quelque sorte directe, orientée par la structure compacte et bien formée d'une réalité qui se tient dans le dos de la recherche mais qui, étrangement, et en même temps, anticipe une annonce de soi sous forme de schèmes philosophiques unitaires et complets : une information ou une annonce de soi que la réalité, avant toute recherche contrôlée et méthodique, anticiperait sous forme de solennelles représentations de l'« idée », de la « structure de la réalité », de la « substance des choses », du « sujet connaissant » ou de la « structure transcendantale de la légalité de l'expérience ».

Il y a eu, et il se présentent encore, des modules philosophiques – qui vont des différentes formes d'idéalisme et de réalisme platonisant aux versions du matérialisme le plus grossièrement fidéiste – qui ont considéré la réalité de leurs analyses non pas comme s'il s'agissait d'une structure sur laquelle mener les recherches et à ordonner selon les schèmes conceptuels de la théorie employée, mais comme si c'était le vrai, l'authentique sujet, le véritable et authentique auteur de la recherche disciplinant et dirigeant les pas, les actes et la stratégie du chercheur. La représentation d'une réalité qui serait dotée de l'étrange et incomparable faculté d'orienter et de garantir anticipativement les manœuvres stratégiques destinées à mettre à notre disposition sa propre connaissance, n'est rien d'autre qu'un résidu religieux et un mythe philosophique.

Il est superflu de souligner le dogmatisme qui se niche dans les affirmations philosophiques prétendant garantir les procédures et les affirmations de ses propres recherches dans la *représentation anticipée* d'une réalité qui, en même temps, se fait passer pour un objet qui serait encore à étudier. Une attitude de ce genre prétend grossièrement se garantir et s'assurer en interprétant le mouvement de sa propre recherche comme une sorte d'automouvement de la réalité ou de l'univers du discours. Par cette voie, on parvient à inscrire le mouvement de sa propre recherche dans le cadre des objets étudiés. C'est là une nouvelle version du mythe religieux de l'inspiration divine.

Pareilles attitudes (qui vont de certaines versions du platonisme au matérialisme fidéiste et imaginaire) finissent par configurer la connaissance et le raisonnement scientifiques comme des cérémonies inutiles, une fois réduite la procédure cognitive à l'explicitation d'un ordre des choses ou de l'expérience qui s'avère préalablement acquis. Ce rituel épistémologique se déroule à peu près ainsi : on assume comme connus – en vertu d'une intuition philosophique ou cosmologique privilégiée (qui, dans ces cas-là, on le sait, est à prendre ou à laisser) – l'ordre et la structure de la nature, et parfois, par une hypothèse additionnelle, on assume comme patente la position de l'homme dans cette situation. On en vient ensuite à dire que l'homme peut connaître l'ordre de la nature, car cette nature est faite de telle et telle façon et parce que l'homme s'y trouve dans telle ou telle situation. Dans un modèle *formellement analogue* à celui que nous avons défini un peu plus haut, à savoir dans un modèle de cérémonials épistémologiques inutiles, rentre par exemple la doctrine de la définition frégéenne, fondée sur le principe de complétude (*Grundsatz der Vollständigkeit*)[1], lequel exige que pour tout objet l'on sache s'il tombe ou non sous le prédicat contenu dans les énoncés, afin de pouvoir accorder un statut d'univocité à ces mêmes énoncés. Par exemple, pour pouvoir saturer la fonction propositionnelle «*x* est chrétien», on doit savoir pour tout objet s'il tombe ou non sous le prédicat « chrétien ». C'est pour cette raison que Frege rejetait la technique du «*stückweisen definierens*», c'est-à-dire de la définition imparfaite et fragmentaire qui ne permettait pas de déterminer de manière complète une fonction comme «*xRy*»; au cas où, en effet, on ne pourrait pas déterminer si, pour toutes leurs valeurs, *x*

1. *Cf.* G. Frege, *Grundgesetze der Arithmetik*, Jena, Hermann Pohle, 1903, vol. II, § 56.

et y se trouvent dans la relation R, s'avèrerait menacé le principe du tiers exclu, lequel exige que « $(xRy) \vee \sim (xRy)$ »[1].

C'est dans le cadre d'une épistémologie analogue, de type cérémoniel, que procédait Wittgenstein dans le *Tractatus logico-philosophicus* alors qu'il avait besoin de fixer préliminairement la structure formelle du monde, des objets, des états de choses et du cadre complet des possibilités qui reviennent à l'« espace logique », pour décider avant tout si un énoncé était signifiant et, qui plus est, vrai ou faux.

Frege et Wittgenstein avaient eu besoin de schèmes logico-linguistiques et de stratégies épistémologiques où toutes les conditions étaient en quelque façon déjà connues. Wittgenstein avait en effet affirmé dans le *Tractatus* : « les hommes ont toujours pressenti qu'il devait exister un domaine de questions où les réponses seraient – *a priori* – symétriques et unies dans une conformation achevée et régulière. Un domaine où vaudrait la proposition : *Simplex sigillum veri* »[2]. En tant qu'ils englobaient dans une petite poignée de définitions portant sur Dieu, sur la substance, sur la cause, sur l'esprit, le dispositif admis comme nécessaire et suffisant pour donner une réponse à n'importe quel problème, les grands systèmes métaphysiques du XVIIe siècle, par exemple, recherchaient la solution à des problèmes qui, pour ainsi dire, étaient là *depuis toujours*. Face à des stratégies de ce genre, on a l'impression qu'ont été produites des réponses et non des problèmes, *car il n'est pas donné de trouver le lieu épistémologique où le problème aurait été effectivement suscité.*

Des réponses sans problèmes, des définitions plutôt que des procédures contrôlées de réponse à des problèmes effectifs, voilà

1. *Cf.* G. Frege, *Grundgesetze der Arithmetik*, *op. cit.*, § 56-60.

2. L. Wittgenstein, *Tractatus logico-philosophicus*, éd. D.F. Pears et B.F. McGuinness, London, Routledge & Kegan Paul, 1961, prop. 5.4541 ; trad. fr. P. Klossowski, *Tractatus logico-philosophicus*, Paris, Gallimard, 1961, p. 74.

des événements qui se sont réellement vérifiés dans l'histoire des méthodologies scientifico-philosophiques et que nous avons définis par commodité comme étant de *type cérémonial*. Une version analogue de cette attitude que nous venons à peine de définir est celle qui a modelé les doctrines philosophiques et épistémologiques – et parfois même certaines procédures de contrôle scientifique – en termes de modèles qu'on pourrait définir comme du genre *fétichiste*. Il s'agit de modèles qui ont intégré, comme critères de légitimation des assertions, la simple référence à des classes d'objets d'un certain type. Pour la tradition empiriste inaugurée par Locke, jusqu'aux versions les plus contemporaines du phénoménisme, le sens et la vérité d'une assertion sont imputables à la possibilité d'indiquer, *derrière* l'assertion, la donnée perceptive configurée comme une structure objectuelle (données des sens, *Erlebnisse*, *sensibilia*, *sense-data*, sous la forme d'entités objectuelles distinctes et spécifiques). L'ostentation de l'objet ou de la donnée est ce qui déclenche le dispositif de légitimation des assertions. De la fin des années vingt au début des années trente, la méthodologie empirico-vérificationniste (voir en particulier le débat sur les *Protokollsätze*) avait orienté les procédés de contrôle et de validation des énoncés sur la base de la référence aux objets ou aux entités sensoriels. Toute la stratégie méthodologique du phénoménisme, jusqu'à ses développements les plus récents[1], s'est fondée sur le mythe

1. L'empirisme classique réduit le statut des objets physiques à des « collections d'idées » ; *cf.* G. Berkeley, *Principles of Human Knowledge*, I, 15, in *The Works*, éd. A.A. Luce et T.E. Jessop, London, Nelson & Sons, 1948, vol. II, p. 471. D'après Hume, l'idée de substance « n'est autre qu'une collection d'idées simples unies par l'imagination » à laquelle a été assigné un nom particulier ; *cf.* D. Hume, *A Treatise of Human Nature*, livre I, partie I, section VI, in *The Philosophical Works*, éd. T.H. Green et T.H. Grose, London, Longmans Green & Co., 1882 (reproduction anastatique, Darmstadt, 1964, vol. I, p. 324). Au début du XXe siècle, en poursuivant cette tradition, Russell – qui introduisit officiellement, dans *The Problems of Philosophy* (1912), la terminologie des « *sense-data* » dans le langage philosophique – considère les objets

philosophique d'une « donnée des sens ». Parfois la donnée des sens a constitué l'intermédiaire de la relation cognitive entre ce qu'on appelle le sujet connaissant et la réalité (Moore)[1]; mais parfois aussi, dans les versions les plus radicales du phénoménisme, la donnée des sens a complètement remplacé l'objet réel. Dans le cadre de cette orientation épistémologique, la mythologie philosophique et le caractère fétichiste de l'emploi du terme « objet » se ramènent à l'attitude qui veut faire valoir les objets pour eux-mêmes, à l'état isolé, comme conditions suffisantes de légitimation d'un énoncé. Ce qui était pensé plus ou moins de la manière suivante : ici il y a tels et tels objets, par conséquent tel

physiques comme des « constructions logiques des données des sens » : « Des classes ou des séries de particuliers, réunis sur la base de quelque propriété autorisant à parler d'eux comme d'une totalité, constituent ce que j'appelle des constructions logiques ou des fictions symboliques », B. Russell, « The Ultimate Constituents of Matter », *The Monist*, vol. 25, 1915, réédité in *Mysticism and Logic*, London, Barnes & Noble, 1959, p. 129. De Russell, voir également *Our Knowledge of the External World* (1914), London, Allen & Unwin, 1961[2], p. 63, 70-72, 82-83 ; *Analysis of Mind*, London, Allen & Unwin, 1921, chap. VIII. Pour Alfred Jules Ayer, les objets physiques sont construits à partir des données sensorielles ; *cf.* A.J. Ayer, « Phenomenalism », *Proceedings of the Aristotelian Society*, vol. 47, 1946-1947, réédité dans *Philosophical Essays*, London, Macmillan, 1954, p. 130-131, 142, 164. Dans *The Problem of Knowledge* (London, Macmillan, 1958, p. 131), Ayer soutient que tout énoncé sur des objets physiques est réductible à des énoncés qui renvoient aux données des sens. Dans la lignée d'une interprétation phénoméniste des objets physiques, *cf.* par exemple H.H. Price, *Perception*, London, Methuen & Co., 1932, p. 19 ; H.A. Prichard, *Knowledge and Perception*, Oxford, Oxford University Press, 1950, p. 201, et à nouveau d'Alfred Jules Ayer, *The Foundations of Empirical Knowledge*, London, Macmillan, 1958, p. 141 et p. 71. Comme on le sait, la première phase du néo-positivisme représentée par le Cercle de Vienne défendait un modèle phénoméniste d'interprétation des objets physiques ; cf. *infra*, p. 102, note 1 et p. 168, note 1.

1. Dans « A Defence of Common Sense », *in* J.H. Muirhead (dir.), *Contemporary British Philosophy*, série II, London, Allen & Unwin, 1925, p. 220-221, George Edward Moore considère la donnée sensorielle comme une entité ayant une certaine relation *R* avec l'objet ou la chose. Un tel rapport est interprétable de différentes manières, mais l'interprétation choisie par Moore semble être celle selon laquelle la donnée des sens n'est qu'une « apparence » ou une « manifestation » d'une chose au sein d'une relation primitive qui n'est pas ultérieurement réductible.

énoncé a du sens et peut s'avérer vrai ou faux. Les assertions trouvaient dans un domaine d'objets leur système de garanties, de la même façon que les billets de banque sont des symboles garantis par leurs valeurs correspondant aux objets réels.

Mais faire confiance à une méthodologie de ce genre, c'est comme se fier à une *cérémonie superstitieuse*. Un domaine d'objets ou de faits d'un certain type ne constitue pas une condition de confirmation de nos assertions, si l'on n'indique pas les modalités et les décisions d'après lesquelles on entend faire usage de ces objets ou de ces faits pour valider une assertion. De plus, les billets de banque permettent non seulement d'acquérir des objets, tables, chaises ou cigarettes, mais également des billets pour occuper une place de cinéma ou de théâtre[1]. Le fait est que, si l'on pourvoyait à la spécification des *modalités d'usage* des énoncés et des objets qui en constituent les termes de référence éventuels, la part et la fonction que le schème de l'objet exerce ou, mieux encore, a exercé dans les méthodologies et les doctrines épistémologiques, perdraient une grande partie de leur poids et de leur efficacité. Non : que ce soit l'objet absolu tel le Dieu de Spinoza, ou l'objet minuscule et périssable comme la *donnée des sens* de Moore ou de Russell, ils doivent rester dans leur solitude, sans instructions pour leur usage, afin de pouvoir exercer cet effet fétichiste doué de l'incomparable faculté de confirmer ou d'invalider nos expressions linguistiques.

Le remplacement des structures d'objets compacts par des schèmes de type relationnel et des éclaircissements sur leur usage peut constituer un point d'accès des plus significatifs aux débats scientifico-philosophiques de l'époque moderne. L'effondrement théorique de ce que, pour faire bref, nous appellerons le modèle

1. *Cf.* L. Wittgenstein, *Philosophische Grammatik* (1913), éd. R. Rhees, Oxford, Basil Blackwell, 1969, p. 63; trad. fr. M.-A. Lescourret, *Grammaire philosophique*, Paris, Gallimard, 2001, p. 62.

objectuel, s'est en partie produit dans l'épistémologie contemporaine. Mais les lézardes sont déjà apparentes dans la science et la philosophie du XVIIe siècle, également au sein de doctrines qui, par bien des aspects fondamentaux, sont encore consignées aux schèmes classiques de l'ontologie traditionnelle. Ainsi, par exemple, dans son interprétation des procès cognitifs, Locke substitue au module aristotélico-scolastique de l'abstraction, la notion de perception comme production et comme domaine d'intersection des pouvoirs des choses et des facultés humaines, supplantant ainsi en partie la notion traditionnelle de substance. Descartes soumet la validité des assertions à une technique méthodique fondée sur le modèle de l'évidence mathématique; mais la mathématique, de même que l'ordre de la légalité naturelle, sont fonctions de la décision et de la volonté de Dieu, qui aurait pu tout aussi bien décider et approuver des statuts à la fois différents et alternatifs de la vérité.

> Les vérités mathématiques – confie Descartes à Mersenne – lesquelles vous nommez éternelles, ont été établies de Dieu et en dépendent entièrement, aussi bien que tout le reste des créatures. C'est en effet parler de Dieu comme d'un Jupiter ou Saturne, et l'assujettir au Styx et aux Destinées, que de dire que ces vérités sont indépendantes de lui. Ne craignez point, je vous prie, d'assurer et de publier partout que c'est Dieu qui a établi ces lois en la Nature, ainsi qu'un roi établit des lois en son royaume [1].

Hobbes met quant à lui en évidence la matrice décisionnelle des lois scientifiques et des lois civiles qui, donc, ne reflètent ni n'explicitent un ordre préconstitué, mais expriment la fonction d'un accord et d'une stipulation.

1. Lettre de Descartes à Mersenne du 15 avril 1630, dans R. Descartes, *Œuvres*, *op. cit.*, vol. I, p. 145. Sur cette lettre, *cf.* E. Garin, « Introduzione », *in* Cartesio, *Opere*, Bari, Laterza, 1967, p. LXXXI-LXXXII.

> Quand quelqu'un accorde comme vrai que deux plus trois font cinq, alors ce consentement prend le nom de science. Du reste, connaître cette vérité ne signifie rien d'autre que reconnaître qu'elle a été créée par nous-mêmes. De fait, la proposition: le deuxième et le troisième nombre pris ensemble font le cinquième nombre n'est vraie que par l'autorité de ceux qui par leur volonté et selon la loi du langage ont appelé un certain nombre deuxième, un autre troisième, un autre encore cinquième de la série [1].
> La loi est un ordre du législateur; et l'ordre est une déclaration de la volonté [2].

Plus près de nous, les philosophes et les épistémologues ont perçu le problème de donner un statut approprié aux assertions de type légiforme [3]. Conditionné par le modèle objectuel, Russell propose de considérer les assertions générales comme expressions d'autant de *faits généraux*. Partant de la conception extensionnelle de la logique et d'un point de vue rigoureusement finitiste, Wittgenstein et Ramsey devaient considérer les lois comme des propositions signifiantes, et par conséquent comme les produits logiques de propositions élémentaires [4]. Quelques

1. Th. Hobbes, *De Cive*, III, XVIII, 4, in *Thomae Hobbes Malmesburiensis opera philosophica quae latine scripsit omnia*, studio et labore Gulielmi Molesworth, Londini, Longman, Brown, Green et Longmans, 1839-1845, vol. II (reproduction anastatique, Scientia Aalen, 1961, p. 418-419); trad. fr. Ph. Crignon, *Du citoyen*, Paris, Flammarion, 2010, p. 379.

2. *Ibid.*, III, XIV, 13, p. 320; trad. fr., p. 270.

3. [Énoncés qui, *vrais ou pas*, satisfont les autres réquisits spécifiés par la définition d'une loi. *Cf.* par exemple N. Goodman, « The Problem of Counterfactual Conditionals », *The Journal of Philosophy*, vol. 44, 1947, p. 113-128, réédité *in* B. Linsky (dir.), *Semantics and the Philosophy of Language*, Urbana, University of Illinois Press, 1952 – N.D.T.].

4. « Il y a donc des faits généraux et des faits existentiels, à savoir non seulement des *propositions* de ce type, mais également des *faits* de ce type. [...] On ne peut arriver à un fait général moyennant l'inférence des faits particuliers, aussi nombreux soient-ils. Le vieux plan de l'induction complète, qui était habituellement ressassé dans les livres, qu'on a toujours supposé absolument sûr et facile par rapport à l'induction

années plus tard, non satisfaits par cette solution – qui, d'un côté, dépendait d'une conception étroite de la signification, et de l'autre n'était pas en mesure de rendre raison du niveau de généralité des lois scientifiques –, Ramsey et Schlick, devant décider entre une légitimation fondée sur le modèle objectuel et le renoncement au réquisit de la signification des assertions légiformes, avancèrent la thèse selon laquelle les lois scientifiques n'étaient pas des propositions authentiques, des énoncés vrais et propres, mais constituaient quelque chose comme des instructions, comme des règles pour former des énoncés vrais et propres [1]. En mettant en crise le

ordinaire, ce plan de l'induction complète, à moins qu'il ne soit accompagné d'au moins une proposition générale, ne produira pas le résultat attendu », B. Russell, « The Philosophy of Logical Atomism », *The Monist*, vol. 28, 1918, p. 495-527 et vol. 29, 1919, p. 32-63, 190-222, 345-380, réédité in *Logic and Knowledge. Essays 1901-1950*, éd. R.C. Marsh, London, Allen & Unwin, 1956, p. 234-235. Pour le module finitiste d'interprétation des énoncés généralisés et des énoncés légiformes sur la base d'une conception extensionnelle de la logique, *cf.* L. Wittgenstein, *Tractatus logico-philosophicus*, *op. cit.*, prop. 4.52, 5.3, 6.3, 6.31, 6.371, 6.372 (trad. fr., p. 64, 72, 98, 102). *Cf.* F.P. Ramsey, « Facts and Propositions » (1927), in *The Foundations of Mathematics and other Logical Essays*, London, Routledge & Kegan Paul, 1931, p. 152-153.

1. Dans un essai daté de 1929, « General Propositions and Causality », in *The Foundations of Mathematics*, *op. cit.*, p. 237-238, Ramsey rejetait le module finitiste d'interprétation des énoncés généralisés soutenu deux ans auparavant. Les propositions essentiellement généralisées, avec l'opérateur « tous », ne sont plus employées dans l'usage effectif de la science et dans la vie quotidienne comme des produits logiques d'énoncés élémentaires ou basiques. Demeurant par ailleurs consigné à la conception extensionnelle de la logique, Ramsey finit par conclure que les propositions générales ne sont pas d'authentiques propositions, mais reflètent des attitudes et des règles du comportement, à savoir des règles pour la formation de propositions vraies et propres. Moritz Schlick parvenait à des conclusions analogues, sous l'influence des réflexions que Wittgenstein était en train de mener dans le cadre de son tournant philosophique du début des années trente. Pour Schlick également, les propositions généralisées ne sont pas des propositions authentiques, mais constituent des règles ou des instructions pour former des énoncés vrais et propres : « En toute rigueur, les lois naturelles n'ont pas le caractère de propositions qui seraient vraies ou fausses, mais représentent plutôt des "instructions" (*Anweisungen*) pour la formation de ces propositions. [...] Les lois naturelles ne sont pas (selon le langage logique) des "implications générales", car elles ne peuvent être vérifiées dans tous les cas, mais ce

modèle fétichiste « objet-désignation » (*Gegenstand-Beschreibung*), Wittgenstein établissait que les hypothèses des lois scientifiques n'étaient que des règles pour former des attentes[1]. Mais pour Schlick comme pour Ramsey, du fait que la structure symbolique se trouvait dépouillée de tout statut objectuel – alors même qu'elle jouait un rôle essentiel dans la légalité scientifique –, elle s'avérait dès lors dépourvue de toute signification.

L'atomisme logique et, en particulier, la doctrine russellienne des *noms propres*[2] est un modèle analytique qui sanctionne la

sont des instructions, des règles de comportement pour le chercheur, en vue de trouver son chemin dans la réalité, pour prédire certains événements. Cette attente, ce comportement, c'est ce que Hume indique par les mots "habitude" ou "croyance". Nous ne devons pas oublier qu'observations et expérimentations sont des opérations par lesquelles nous entrons en contact direct avec la nature. Les relations entre nous et la réalité consistent en énoncés qui ont parfois la forme grammaticale d'assertions, mais dont le sens en vérité consiste uniquement dans le fait d'être des instructions pour des actes possibles », M. Schlick, « Die Kausalität in der gegenwärtigen Physik » (1931), in *Gesammelte Aufsätze, 1926-1936*, Wien, Gerold & Co., 1938 (reproduction anastatique, Hildesheim, Olms, 1969, p. 66-68).

1. « L'essence d'une hypothèse est, je crois, qu'elle produit une attente, en permettant une confirmation future. Il fait ainsi partie de l'essence d'une hypothèse que sa confirmation ne soit jamais exclue ». « Une hypothèse est une loi pour la formation de propositions. On pourrait même dire : une hypothèse est une loi pour la formation d'attentes », L. Wittgenstein, *Philosophische Bemerkungen (1929-1930)*, éd. R. Rhees, Frankfurt am Main, Suhrkamp, 1964, p. 285; trad. fr. J. Fauve, *Remarques philosophiques*, Paris, Gallimard, 1975, p. 272.

2. Les « noms propres » sont des termes désignant des objets particuliers ou des individus. Des noms logiquement propres sont des expressions telles que « ceci », « cela », « là », « ici » et autres semblables, dénotant des données des sens expérimentées dans leur actualité. « Les seuls mots que l'on utilise effectivement comme noms au sens logique du terme sont des mots comme "ceci" ou "cela". On peut utiliser "ceci" comme un nom pour exprimer un particulier dont nous prenons connaissance à un moment donné. Nous disons "Ceci est blanc". Si vous êtes d'accord avec le fait que "Ceci est blanc", entendant par là le "ceci" que vous voyez, alors vous utilisez "ceci" comme un nom propre. Mais si vous tentez de comprendre la proposition que j'exprime quand je dis "Ceci est blanc", vous n'y parvenez pas. Si vous pensez ce morceau de craie comme un objet physique, alors vous n'utilisez pas un nom propre. Ce n'est que quand vous utilisez "ceci" de manière absolument rigoureuse, pour exprimer un objet sensoriel actuel, qu'il s'agit réellement d'un nom propre ». « Les particuliers ont cette particularité [...] que chacun d'eux est entièrement solitaire et

validité des procédures scientifiques sur la base de l'indication d'un domaine d'objets considérés comme unités discrètes, primaires ou basiques. Ce halo fétichiste déployé par le modèle objectuel a été mis en déroute par le diagnostic critique de leur insignifiance et de leur insuffisance à l'égard des tâches face auxquelles il avait été mobilisé. Ainsi Moore (qui pour d'autres raisons et en d'autres occasions avait été victime du modèle objectuel[1]) avait remis en question les doctrines éthiques qui avaient tenté de définir le concept de valeur en termes objectuels ou factuels. À quoi cela sert-il de dire que le bien ou le mal sont identifiables avec l'objet ou le fait *x*, si je peux encore soulever un

complètement autosubsistant. Il possède ce genre d'autosubsistance qui est habituellement attribuée à la substance, excepté le fait qu'habituellement il ne persiste que pour un temps extrêmement bref, le temps que dure notre expérience. Ce qui signifie qu'un particulier existant dans le monde ne dépend, logiquement, d'aucun autre particulier », B. Russell, « The Philosophy of Logical Atomism », in *Logic and Knowledge*, *op. cit.*, p. 201 et p. 201-202.

1. La philosophie de George Edward Moore peut être considérée comme la consécration théorique – dans les termes et dans la forme d'une doctrine du sens commun – de l'articulation de l'expérience selon le modèle objectuel ordinaire. Ceci explique aussi l'attitude déproblématisante et « naïve » avec laquelle Moore soutient la validité et l'irrévocabilité de certaines classes de propositions auxquelles est consigné son réalisme philosophique : « Si vous entendez dire que rien n'est à droite ni à gauche, derrière ni au-dessus d'autre chose, alors vous vous trompez certainement; car cet encrier est à gauche de ce stylo plume, et ma tête est au-dessus des deux » (soutenant ainsi la réalité des relations spatiales) ; « Si vous entendez dire qu'aucun événement ne suit ou ne précède un autre événement, vous vous trompez sûrement, car après le petit-déjeuner j'irai faire une promenade, ensuite je prendrai un bain, et finalement je prendrai un thé » (au profit des relations temporelles) ; « Ici il y a une main, et ici il y en a une autre ; il y a ainsi au moins deux choses matérielles » (en faveur de l'existence d'un monde matériel externe) ; « Moi je sais que *vous* à présent me voyez et m'entendez, et je sais en outre que ma femme a mal aux dents ; c'est pourquoi on devra en conclure qu'il existe d'autres sentiments, d'autres expériences et d'autres sensations que les miens » (au bénéfice de la réalité des esprits et des sensations d'autrui). *Cf.* G.E. Moore, « Proof of an External World », *Proceedings of the British Academy*, vol. 25, 1939, p. 273-300 et « A Defence of Common Sense », art. cit.

problème de valeur à propos de x[1]? De son côté, Wittgenstein fit remarquer que les *sensibilia* de Russell, considérés comme les données ultimes, irréductibles, simples et discrètes, constitutives des significations des noms logiquement propres, étaient susceptibles d'être interprétés comme des structures sémantiques complexes. La simplicité présumée de ces données des sens exigeait le réquisit additionnel d'une décision; en d'autres termes, la simplicité et l'atomicité des objets russelliens avaient un statut décisionnel et comme tel révocable[2]. Rien ne pouvait être considéré comme absolument simple ou absolument composé.

2. *Les stratégies théoriques par le haut*

En renvoyant à Descartes, à Spinoza, à Frege, au Wittgenstein du *Tractatus logico-philosophicus*, aux doctrines de l'atomisme logique et au phénoménisme, nous avons rencontré des modèles philosophiques et épistémologiques qui instruisent des procédures de raisonnement où la solution d'un problème proposé s'avère bel et bien déjà contenue et déjà ordonnée au sein d'un modèle définitoire. Des procédures en effet où, paradoxalement, la solution d'un problème présuppose qu'elle soit depuis toujours déjà disponible dans un schème de définition et d'ordonnance-

1. Le concept moorien de la valeur morale, du « bien » en termes de notion « simple, indéfinissable, inanalysable », était destiné à garantir son irréductibilité à une structure objectuelle ou factuelle, c'est-à-dire à le protéger du soi-disant « fourvoiement naturaliste »; *cf.* G.E. Moore, *Principia Ethica* (1903), Cambridge, Cambridge University Press, 1959, p. 6 *sq.*, 16, 20-21, 37 *sq.*; trad. fr. M. Gouverneur et R. Ogien, *Principia ethica*, Paris, P.U.F., 1998, p. 44 *sq.*

2. *Cf.* L. Wittgenstein, *Recherches philosophiques*, *op. cit.*, I, § 46-53, p. 51-58. Pour une critique wittgensteinienne de la doctrine moorienne du sens commun, des objets matériels externes, des connexions spatio-temporelles, des esprits d'autrui, *cf.* L. Wittgenstein, *Über Gewissheit*, éd. G.E.M. Anscombe et G.H. von Wright, Oxford, Oxford University Press, 1969, § 35, 40, 58, 103, 105, 138-144, 148, 194; trad. fr. J. Fauve, *De la certitude*, Paris, Gallimard, 1976, p. 25-26, 31, 42-43, 52-54, 55, 64-65.

ment. Nous rappelions l'exemple frégéen pour lequel, afin d'établir si « *x* est chrétien », on demande de savoir pour un objet quelconque s'il tombe ou non sous le concept « chrétien ». Dans le cas de la théorie de Frege, comme dans celui des systèmes métaphysiques de Descartes, de Spinoza, de Leibniz, ou dans la thèse du *Tractatus* wittgensteinien – où les possibilités de tous les états de choses, de tous les événements sont depuis toujours déjà renfermées dans la *forme logique* des objets simples –, on peut parler de systèmes théoriques qui réalisent *un système d'ordre où à tous les genres possibles de problèmes ont déjà été coordonnées symétriquement toutes les réponses*. En présence de modèles de savoir ainsi définis, il convient de se demander si en quelque façon ils ont répondu à ce qu'on considère comme le problème de la connaissance, à savoir l'approche ou la confrontation avec des termes ou des grandeurs inconnus. Ou si, par contre, ils ont été, ou du moins ils ont été en outre, quelque chose d'autre qui répondait à une fonction non proprement cognitive. Quelque chose dont la conformation et la fonction seraient *des modèles ou des structures de disciplinement*. Dans les doctrines philosophiques, et parfois même dans certaines théories ou certaines hypothèses scientifiques appartenant à des époques et à des niveaux conceptuels entre eux fort éloignés, comme certaines de celles que nous avons mentionnées plus haut, *on peut constater qu'il n'est pas question de procédures cognitives, mais de structures d'ordre, de prescriptions de disciplinement d'après lesquelles ont été distribués les objets et les termes de référence de toute une culture*.

Les systèmes philosophiques et les théories méthodologiques susmentionnés, avec leur structure d'ordre pleinement définie et définitivement clôturée, ne se présentent pas comme des systèmes susceptibles de modifications et de corrections, ni comme des organismes conceptuels disposés à accueillir des problèmes *dont les solutions n'auraient pas déjà été anticipativement et symétriquement déposées dans les institutions définitoires du système adopté*. Pour étrange que cela puisse paraître, pareilles doctrines n'acceptent ni ne légitiment des problèmes qui ne seraient pas déjà préalablement résolus dans les présuppositions initiales du système. En ce sens, historiquement leur fonction semble avoir été celle de ratifier des modèles de pensée, des embossages où doivent être disposées et contraintes nos opérations intellectuelles et nos comportements pratiques. Au lieu de procédures et d'instruments cognitifs, les théories mentionnées et celles formellement analogues se révèlent avoir été des *stratégies de disciplinement de la vie humaine*, des techniques pour diriger les processus de la vie intellectuelle au sein de parcours assignés et définis. Les philosophes, les méthodologues, les épistémologues peuvent croire tant qu'ils veulent qu'ils ont effectivement *affrontés* des problèmes et les ont *résolus*; en réalité, le plus souvent ils ont tout simplement *défini et discipliné des modèles de comportement de la vie intellectuelle et de la conduite pratique*.

Il est indubitable qu'à la construction de modèles théoriques, dans la forme de systèmes de disciplinement à travers des statuts d'exclusion et de permissions, se sont avérées fonctionnelles les techniques conceptuelles qui autorisaient des procédures de réglementation et de disposition pour ainsi dire «par le haut». Traditionnellement, le modèle objectuel sous ses différentes formes s'est révélé étroitement solidaire de ce genre de stratégies. Dans tous les cas, j'entends par *stratégie théorique par le haut* l'attribution à des constructions et à des formules symbolico-conceptuelles d'un pouvoir général et global de disciplinement des procédures intellectuelles et des opérations sur le symbolisme, ainsi que des comportements pratiques à travers des mesures-standard de réglementation. De fait, il n'est pas évident ni escompté que la conduite des opérations cognitives ou des procédures symboliques doive être nécessairement disciplinée par des concepts ayant un statut privilégié de généralité. Par exemple, l'Idée de Platon, les catégories d'Aristote, la raison des stoïciens, l'âme du monde de la tradition platonisante, le concept de substance de la tradition rationaliste cartésienne, les concepts et les propositions primitives de la logistique (fonction propositionnelle, implication, disjonction), le concept de *Widerspruchsfreiheit* de Hilbert – tous ces concepts ont engendré une hiérarchie de concepts. On peut dire que les schèmes conceptuels privilégiés posés au sommet de la hiérarchie ont été investis d'une fonction de disciplinement et de contrôle de tous les autres concepts inférieurs. Les systèmes théoriques avec stratégies de contrôle *par le haut* ont eu pour fonction de fournir des modèles de disciplinement des comportements symbolico-conceptuels et des habitus intellectuels face à l'expérience.

Dans ces stratégies de disciplinement, une fonction particulière est assumée soit par le modèle de la substance ou de l'objet, soit par le modèle de la structure factuelle : ils constituent les termes de référence des procédures de légitimation des énoncés. Il doit cependant être clair qu'« objet », « substance », « fait » ne sont pas en eux-mêmes des constructions conceptuelles coupables, qui devraient être révoquées absolument. La fonction stratégique et le halo fétichiste qu'ils ont fini par acquérir, au sein de théories philosophiques et scientifico-méthodologiques du type susmentionné, ne leur appartiennent pas fatalement comme une propriété intrinsèque et constitutive. En ce sens, la critique de l'objectivité naïve menée par la phénoménologie husserlienne, et reprise en quelque sorte par l'École de sociologie francfortoise [1], a fini par remettre en question la fonction du modèle objectuel comme tel. Mais craindre le schème conceptuel et grammatical d'« objet » ou de « fait » comme tels, c'est comme engager la polémique contre le fétichisme objectuel tout en restant prisonniers du préjugé qu'on voulait combattre.

1. Sur ce point, cf. *supra*, p. 60, note 1.

Les catégories linguistico-conceptuelles d'« objet » ou de « chose » produisent une distorsion épistémologique effective et s'entourent d'un halo fétichiste lorsqu'elles sont utilisées pour valider ou invalider une assertion par un procédé aisément comparable à un *cérémonial, à un rite primitif et superstitieux*. Les « *sense-data* » de la tradition phénoméniste britannique, les *Erlebnisse* de la première phase empirico-vérificationniste des néo-positivistes viennois, les *objets* des doctrines de l'atomisme logique de Russell et de Wittgenstein, sont des exemples d'une épistémologie primitive et superstitieuse où *l'évocation d'une classe d'objets fait elle-même office de technique de contrôle des assertions*. Il est difficile de légitimer la condition de signification des énoncés légiformes? Pas d'inquiétude, répond Russell : il suffit d'introduire les « faits généraux »[1].

« Objet », « chose », « fait » se sont révélés être les ingrédients d'un cérémonial épistémologique primitif, dans la mesure où on les a invoqués comme des entités dotées de l'incomparable faculté d'administrer la légitimité de nos classes d'assertions. Une entité objectuelle à laquelle on fait recours dans les processus de contrôle de nos assertions, sans fournir sa modalité d'usage ni sa fonction à l'intérieur de nos raisonnements scientifiques, *transforme nos procédures de contrôle en un rituel, en une cérémonie irrationnelle et primitive*. Faire référence à une classe d'entités objectuelles sans fournir le statut de la manière dont nous entendons les employer, et sans spécifier la fonction que nous nous engageons à assumer par leur usage, signifie construire des mythologies philosophiques et exercer un blocage arbitraire de la pratique linguistique. En ce sens, la référence aux structures cristallisées des objets exerce une fonction d'arrêt de la procédure critico-rationnelle qui s'articule au centre de la procédure

1. Cf. *supra*, p. 75-76, note 4.

linguistique. C'est alors comme si la fonction d'articulation linguistique rencontrait un obstacle à sa propre propagation.

« Objets », « choses », « faits » sont des modèles grammaticaux, et c'est pourquoi leur statut doit assumer le caractère de révocabilité et de fluidité qui est pertinent à l'emploi du langage non assujetti à des raidissements arbitraires exercés par des entités rigides posées, pour ainsi dire, hors du medium de l'articulation linguistique. Instaurer la clarification des modalités d'emploi du langage peut devenir, en ce sens, non seulement un symptôme de clarification conceptuelle, mais également une technique de prévention face aux risques de distorsions scientifico-philosophiques.

La mythologie philosophique et épistémologique issue de l'emploi corrompu du modèle objectuel s'est quelquefois étendue aux procédures formelles des preuves. Les stratégies théoriques *par le haut* susmentionnées y ont souvent joué une fonction solidaire. Le pouvoir ou la faculté que l'« objet », le « donné » ou le « fait » auraient en eux-mêmes d'établir la vérité des assertions, se sont étendus, par une sorte de translation philosophique démesurée, au symbolisme de notre langage. À certaines combinaisons de signes admis comme termes primitifs, et comme axiomes ou propositions primitifs, tels que « $\sim$ », « $\vee$ », « $\vdash$ », « $p \supset q \cdot = \cdot \sim p \vee q$ », « $\vdash : p \vee p \cdot \supset \cdot p$ », Russell et Whitehead accordaient, par exemple, un pouvoir de contrôle sur une séquence de formules analytiquement dérivables à partir d'elles. De même que, dans certaines conditions déterminées, on obtient un effet d'un certain type en mettant en contact des grandeurs physiques, de même une structure symbolique aurait le pouvoir de produire une cascade de formules à l'intérieur d'un système notationnel. *De cette manière, les opérations, les décisions et les modalités d'usage mises sur pied par ceux qui manipulent le symbolisme, sont illicitement dissimulées et passent pour des fonctions incorporées au système notationnel, comme si elles lui étaient intrinsèques.*

Une technique de fonctionnement et un modèle des règles de formation et de transformation d'un système symbolique dépendent des modalités d'usage et des décisions prises par ceux qui les appliquent. Par exemple, dans « Testability and Meaning », esquissant l'analyse logique de la confirmation et du contrôle des énoncés, Carnap rapporte le choix des concepts à définir aux problèmes du contenu empirique des assertions scientifiques. « Nous définirons les concepts qui appartiennent à la logique, ou plus précisément à la syntaxe logique, même si le choix des concepts à définir et la manière de les définir sont suggérés, pour certains aspects, par un examen des problèmes empiriques (comme cela arrive souvent dans l'établissement des définitions logiques) » [1].

L'usage, les décisions et les modalités d'usage qui transforment une classe de signes en un système, pour former et transformer des expressions symboliques au sein d'une procédure de validité qui dépend des règles admises (du fait qu'on assume les L-règles et les P-règles carnapiennes), ont été pervertis sous forme de pouvoirs et de dispositions intrinsèques au symbolisme. Cette attribution de pouvoirs prodigieux et intrinsèques au

1. R. Carnap, « Testability and Meaning » (repris de *Philosophy of Science*, vol. 3, 1936 et vol. 4, 1937), *Graduate Philosophy Club, Yale University*, New Haven, 1950, p. 431-432. « Supposons que soit donné un énoncé *S*, qu'aient été exécutées certaines observations de contrôle, et que *S* soit confirmé par elles jusqu'à un certain degré. Alors, c'est un problème de décision pratique (*a matter of practical decision*) que de savoir si l'on doit considérer ce degré comme assez haut pour accepter *S*, ou assez bas pour rejeter *S*, tant que nous ne disposerons pas d'une évidence ultérieure. [...] Il n'existe aucune règle générale pour déterminer notre décision. Ainsi, l'acceptation ou le refus d'un énoncé (synthétique) admettent toujours une *composante conventionnelle* (*conventional component*) », *ibid.*, p. 426. En déplaçant le module de la définition explicite, Carnap se propose dans ce texte de ramener les expressions légiformes des sciences naturelles à la forme des énoncés de réduction, des énoncés de réduction bilatérale, à des chaînes de contrôle obtenues par le biais d'énoncés de réduction incluant des conditions d'observabilité et de faisabilité. Cf. *ibid.*, p. 449, 459-460.

symbolisme, qui gomme la *matrice constructive* de nos apparats linguistico-conceptuels, dépend du fait d'avoir interprété les formations et les transformations du symbolisme comme des procédures analogues aux processus physiques, aux états physiques d'un système, aux réactions chimiques entre substances entrées en réaction. On a pensé que « $p \supset q$ » (p implique q) et que les « p » impliqueraient les « q » de la même manière que deux atomes d'hydrogène et un atome d'oxygène produisent une molécule d'eau.

J'espère qu'il sera bien clair que de tout ce que nous avons dit jusqu'ici, il ne s'ensuit aucunement qu'« objet », « chose » ou « fait » seraient des termes à abattre philosophiquement, comme ont cru devoir conclure, contre l'objectivité naïve de la science et à une époque de « profonde crise de la civilisation », aussi bien la philosophie de Heidegger que – dans une version extrêmement différente, mais non sans relation avec elle – l'École de Francfort. Sur le plan d'une recherche analytique appropriée, il doit être bien clair que le problème de faire naître ou de faire mourir quelque chose ne se pose absolument pas, à l'instar d'un certain gangstérisme métaphysique qui veut imposer ou supprimer des statuts ontologiques déterminés. Nous ne sommes favorables ni à une version métaphysique de l'objet, ni à la suppression du terme même d'« objet » ; nous sommes tout simplement prêts à le considérer de manière artisanale. Nous ne désirons pas que l'objet ou la chose soient considérés comme des termes sublimés, mais nous ne désirons pas non plus qu'ils soient purement et simplement supprimés. Nous voulons que ces termes soient rapportés à leur matrice constructive, dans le cadre des opérations, des comportements et des institutions propres à une forme de vie et à leur extension dans le champ des théories philosophiques et scientifiques.

3. « *Au commencement est le signe* »

Il serait terriblement important de découvrir les racines historiques de ce statut privilégié accordé au modèle objectuel (ou chosal) dans la forme d'interprétations philosophiques et épistémologiques superstitieuses et primitives, comparables à des rites cérémoniaux. Les travaux menés dans le cadre de la philosophie analytique et de l'analyse du langage, en particulier par Ludwig Wittgenstein, ont apporté des contributions cognitives décisives à cet égard. Mais les racines du statut privilégié de ce modèle objectuel, qui a imprégné tous les modes de pensée, qui a influencé les comportements et les formes de vie des hommes, sont demeurées à la fois obscures et enfouies. Sous la surface des objets compacts, rigides et indépendants, sont en réalité repérables les conventions, les décisions, les coutumes, soit toute la dimension d'une forme de vie qui se propage. C'est de ces conditions que naît la discipline formelle des apparats logico-mathématiques qui ont été diversement légitimés et *fondés* sur un domaine d'objets non périssables, de type platonicien, comme c'était le cas avec la mathématique attachée au contenu de type frégéen, ou encore sur la base d'un stock de formules ayant une fonction de couverture protectrice des énoncés mathématiques face au danger des contradictions et des paradoxes. Dans *Neubegründung der Mathematik* (1922), David Hilbert dessinait une « métamathématique » destinée à fournir un statut sécurisé aux énoncés de la mathématique proprement dite :

> Tout ce qui jusqu'à présent a constitué la mathématique proprement dite est rigoureusement formalisé, de telle manière que la *mathématique proprement dite*, ou la mathématique au sens strict, devient un recueil de formules prouvables. Les formules de ce recueil se distinguent des formules usuelles de la mathématique uniquement par le fait qu'en-dehors des signes mathématiques, il est en outre fait appel au signe →, au signe de l'opérateur *tous* et aux signes des énoncés. Cette situation

> correspond à une conviction que j'ai soutenue depuis longtemps, à savoir qu'en conséquence de l'étroite connexion et de l'inséparabilité des vérités arithmétiques et des vérités logiques, une construction simultanée de l'arithmétique et de la logique formelle s'avère nécessaire.
> À cette mathématique proprement dite, s'ajoute une mathématique dans un certain sens nouvelle, une *métamathématique* qui sert à la sécurité de la première (*eine Metamathematik [...], die zur Sicherung jener dient*), en tant qu'elle la protège de la terreur des prohibitions non nécessaires, ainsi que du péril des paradoxes [1].

D'après Hilbert, les opérations logico-mathématiques présupposent cependant un domaine d'entités extralogiques qui doivent se donner dans l'imagination (*Vorstellung*) : de telles entités sont de purs signes (*Zeichen*) dont les propriétés de formation et de transformation sont immanentes aux signes eux-mêmes, en ce sens qu'elles leur appartiennent immédiatement, et que la perception de ces signes coïncide avec la perception de leurs propriétés, de leurs distinctions et de leurs transformations. Les propriétés des signes tombent avec les signes eux-mêmes, et ne sont pas ultérieurement réductibles. Hilbert pouvait ainsi résumer le sens philosophique du formalisme dans le slogan : « *Au commencement est le signe* » (*am Anfang ist das Zeichen*).

> Comme nous l'avons déjà vu, opérer de manière abstraite avec des champs conceptuels et des contenus généraux s'est avéré insuffisant et incertain. Comme condition préliminaire pour l'application des inférences logiques et pour l'emploi d'opérations logiques, quelque chose doit malgré tout être donné dans l'imagination : à savoir, certains objets discrets extralogiques préexistant perceptivement à toute pensée en tant qu'expériences immédiates (*unmittelbares Erlebnis*). Si l'inférence logique doit

1. D. Hilbert, *Neubegründung der Mathematik*, *op. cit.* ; cf. *Gesammelte Abhandlungen*, *op. cit.*, vol. III, p. 174.

> être sûre, alors on doit pouvoir embrasser ces objets complètement dans l'intégralité de leurs parties et de leur présentation ; leur distinction et leur enchaînement nous sont immédiatement perceptibles en même temps que les objets, comme quelque chose qui ne peut être réduit à quoi que ce soit d'autre d'ultérieur. Assumant ce point de vue, les objets de la théorie des nombres sont pour moi – exactement à l'opposé de Frege et de Dedekind – les signes mêmes (*die Zeichen selbst*), dont la forme est universellement et certainement reconnaissable par nous, indépendamment du lieu, du temps et des conditions particulières de leur production, ainsi que des différences négligeables dans leur exécution. Voilà en quoi consiste la solide position philosophique que je juge nécessaire pour la fondation de la mathématique pure – comme en général pour toute pensée, compréhension et communication scientifiques : *au commencement*, ici c'est le cas de le dire, *est le signe*[1].

Or, si Hilbert avait raison d'affirmer – contre la mathématique des contenus de Frege et de Russell – que les formules mathématiques n'ont pas de *signification*, il négligeait cependant la matrice constructive et les règles d'usage qui construisent, pas à pas – moyennant des *décisions indépendantes* dans une succession de choix (*werdende Wahlfolge*), selon la formule de Brouwer –, le *continuum* du nombre réel. Les formules mathématiques ne sont pas légitimées en référence à un domaine de *significations* (au sens de la mathématique des contenus), mais elles ne se réduisent pas non plus, comme le prétend le formalisme, aux propriétés immédiatement perceptibles des *signes* peuplant les formules ; elles se constituent d'après les règles formulées par une matrice constructive de choix et de décisions.

Si la mathématique des contenus de Frege et de Russell est résolument consignée à un modèle objectuel, dans lequel on repère les *significations* des assertions mathématiques,

1. *Ibid.*, p. 162-163.

paradoxalement, et bien que se dispensant de la référence à un domaine de significations, la métamathématique de Hilbert est elle-même consignée à ce même modèle, car elle attribue *aux signes qui apparaissent dans les formules démontrables les propriétés de leurs transformations et de leurs enchaînements*.

À la base des systèmes linguistico-conceptuels et des propriétés qui reviennent à un système notationnel subsiste une matrice décisionnelle qui est l'extension et la complication de modèles comportementaux formés à travers les systèmes de permissions et d'interdictions des formes de la vie humaine. Habitus intellectuels et schèmes conceptuels sont attribuables aux besoins correspondants à des stipulations et à des conventions d'un certain type. Un habitus de certitude ou de sécurité – qui était traditionnellement interprétable en termes d'autoévidences intellectuelles, d'entreprises cognitives sans égal – est retraductible en termes de décision ou de degré de décision par quoi les hommes sont disposés à s'engager à l'égard d'une assertion d'un certain type.

Mais quelle aura été la matrice des habitus mentaux et intellectuels qui ont conduit à l'intrusion du modèle objectuel et poussé à occulter sous la surface des objets, des choses et des substances, les décisions, les comportements et les usages d'une entière forme de vie humaine ? Il existe une analogie formelle entre la distorsion qui s'est historiquement produite dans l'interprétation de la relation usage-signification, et celle qui s'est également présentée dans la connexion travail-marchandise. Comme tels, les matériaux sur lesquels opère l'appareil de production ne détiennent aucune propriété ni aucun pouvoir en dehors des qualités naturelles qui leurs sont ordinairement assignées. Cependant, alors qu'à travers la médiation des processus de travail ces matériaux se transforment en marchandises, en objets destinés à l'échange, ils sont assumés comme des objets qui détiennent par eux-mêmes une valeur, une propriété qui a précisément été définie comme « sensible suprasensible » [1].

De manière analogue, les matériaux du langage sont des vibrations de l'air ou de quelque autre milieu physique, ou encore des tâches d'encre sur du papier; toutefois, à peine ces grandeurs physiques en viennent-t-elles à constituer un langage, à travers les règles de formation et de transformation disposées par l'usage, qu'elles ne sont plus seulement de pures vibrations d'un milieu physique, ni de purs signes d'encre sur une feuille de papier, mais se transforment en objets pourvus de signification et s'élèvent à ce statut de sublimation logique où un objet matériel est traversé par le souffle vital de la signification. On pourrait dire que, même pour ces objets, s'est réalisé l'événement sans pareil d'une « propriété sensible suprasensible ». En d'autres termes, la matrice de l'usage, les décisions et les stipulations contractées dans une communauté, les comportements des hommes dans le cadre d'une forme de vie – ces *conditions constructives* qui ont transformé des moyens physiques en symboles et en langage – ont été réduits à la forme du modèle objectuel et assumés comme propriétés internes, intrinsèques du symbolisme.

Si, dans la forme altérée des propriétés intrinsèques d'objets destinés à l'échange, la marchandise renvoie l'image de ce que sont les rapports sociaux de l'organisation capitaliste du travail, de façon analogue les expressions de notre langage, des systèmes notationnels de la logique et de la mathématique, semblent générer la représentation d'une signification qui leur serait immanente, telle une propriété intrinsèque, de la même manière qu'une certaine disposition moléculaire appartient à un cristal. La signification apparaît comme une propriété occulte, interne à l'expression symbolique. Mais, pour reprendre une

1. K. Marx, *Das Kapital*, livre I, section I, chapitre 1, Berlin, Dietz Verlag, 1953, p. 76; trad. fr. J.-P. Lefebvre, *Le capital*, Paris, P.U.F., 1993, p. 81.

remarque connue de Moritz Schlick, la signification « n'est pas une sorte d'entité inhérente à une phrase qui serait cachée en elle comme la noix dans sa coquille, de telle manière que le philosophe n'aurait plus qu'à casser la coquille ou la phrase pour en révéler la noix ou la signification »[1]. L'usage du langage, c'est-à-dire le cadre des opérations et des comportements qu'établit, selon les règles d'une forme de vie humaine, la procédure d'emploi des instruments linguistiques, est alors transformé et travesti en une propriété objective du symbolisme. Mais si la signification est une propriété objective, cristallisée dans les symboles de notre langage, il en découlera que l'*usage* linguistique est, pour ainsi dire, une dimension secondaire qui dérive analytiquement – comme la conséquence de la prémisse – de la signification. Une tradition qui, d'Aristote jusqu'à nous, a admis que l'*usage* serait dirigé et discipliné par cette propriété objective interne et immanente aux symboles qui prend le nom de *signification*. Mais ce ne sont là qu'apparences, à savoir une histoire des mystifications qu'a subi le concept de signification une fois qu'il a été admis au sein du modèle objectuel, au sein de la grammaire « *objet-désignation* ».

En réalité, il s'est avéré qu'un domaine relationnel d'activités, de techniques comportementales, d'usages d'une forme sociale de la vie humaine, a été rigidifié et repris, pour ainsi dire, sous la forme d'un objet mythique. S'est ainsi réalisé, dans le rapport usage-signification de nos apparats grammaticaux et catégoriaux, ce processus de subordination qui, dans la société caractérisée par l'organisation capitaliste du travail, s'établit entre travail vivant et travail cristallisé, objectivé, à savoir le capital[2]. Comme le capital, ce travail cristallisé dispose, dans la forme des rapports de

1. M. Schlick, « Meaning and Verification », *The Philosophical Review*, vol. 45, 1936, repris in *Gesammelte Aufsätze. 1926-1936*, *op. cit.*, p. 374.

2. K. Marx, *Grundrisse der Kritik der politischen Ökonomie*, Berlin, Dietz Verlag, 1953, p. 582-585 ; trad. fr. R. Dangeville, *Grundrisse 1. Chapitre de l'Argent*, Paris, Éditions 10/18, 1972, p. 129.

production d'une société capitaliste, de l'usage de la force-travail, du travail vivant; ainsi – passant au domaine des relations à l'œuvre dans le symbolisme de notre langage –, la signification, comme usage cristallisé et sédimenté, établirait et disciplinerait l'usage du langage et, plus généralement, celui de nos constructions linguistico-conceptuelles. Mais s'il est vrai que le travail est la matrice du capital, alors l'usage de la force-travail ne doit pas se disposer nécessairement dans la forme capitaliste des rapports de production, selon une idéologie qui a configuré et fixé cette forme en termes de nécessité naturelle, comme telle inéluctable. Analogiquement, le privilège qu'une longue tradition a accordé à la signification par rapport à l'usage du langage est une apparence et une mythologie philosophique, dès lors que c'est en réalité la *matrice constructive de l'usage* qui a généré l'ensemble des significations de notre langage au sein de la connexion d'une forme de vie. Par conséquent, l'interprétation des phénomènes linguistiques ne doit pas se disposer dans le modèle « objet-désignation ». Les conditions de signifiance d'un système linguistique et d'un apparat de catégories grammaticales ne sont pas des fonctions d'un domaine d'objets indépendants. Jusqu'ici c'est l'usage qui a tout fait, et c'est pourquoi il peut encore tout transformer.

4. *Fétiches épistémologiques*

Mais alors, si les « objets » et les « choses » – en référence à quoi la tradition a fixé les critères de signifiance et de confirmation de nos assertions – sont les cristallisations d'un domaine relationnel de techniques d'usage, de modèles comportementaux, d'institutions d'une forme de vie, doit-on en conclure que le concept d'« objet » n'est que le schème d'une apparence, qu'un voile à déchirer? L'analyse que j'ai menée jusqu'ici ne veut pas conclure que le modèle objectuel ne serait que l'apparence déformée d'une modalité d'usage ou d'interactions comportementales. Je veux dire par là que le rôle exercé dans la vie humaine par le fétiche du modèle objectuel, par cet extraordinaire mythe épistémologique, est bien plus vaste. En effet, le modèle objectuel n'est pas seulement l'apparence distordue d'un domaine relationnel d'opérations, de la matrice constructive d'un usage du langage et des apparats catégoriaux; en tant que construction théorique et instrument épistémologique, il exerce une fonction stratégique d'orientation et de disciplinement des opérations symboliques, des procédures de contrôle et de confirmation des énoncés. Le modèle objectuel n'est pas seulement le schème théorique fictif d'une apparence trompeuse, mais il influe sur la formation des techniques de décision des questions philosophiques, méthodologiques et scientifiques. Ainsi, par exemple, à la question: « comment pouvez-vous dire que cette fleur est rouge? », un philosophe traditionnel répondrait en faisant référence au statut d'évidence du modèle objectuel. En indiquant la fleur, il dirait peut-être: « mais vous ne voyez pas qu'elle est rouge? C'est évident! ». Le philosophe émancipé du schème invariant de l'« objet-désignation », en d'autres termes le philosophe instruit à propos de la matrice constructive de nos apparats grammaticaux et de nos procédures cognitives, répondrait tout simplement: « parce que j'ai appris le français »[1]. Ou encore: à la question « comment pouvez-vous dire que par deux points de l'espace, il passe une droite et une seule? », le mathématicien ou le philosophe influencés par le modèle objectuel répondraient en termes d'une relation immédiatement évidente qui serait constructible à partir de la connaissance préalable des significations, entre elles indépendantes, des concepts de « point » et de « ligne droite ». Ici, le mathématicien et le philosophe qui partent d'une considération logico-formelle propre à la méthode

1. *Cf.* L. Wittgenstein, *Recherches philosophiques*, *op. cit.*, I, § 381, p. 172.

axiomatique répondraient que les axiomes ou les propositions primitives de la géométrie euclidienne établissent des relations d'un certain type entre entités désignées par les noms de « point » et de « ligne droite »; que ces relations sont totalement indépendantes de l'intuition ou de la connaissance de telles entités, qui représentent donc, comme l'affirme Einstein, « des schèmes conceptuels privés de contenu » (*inhaltsleere Begriffsschemata*) [1]. En ce sens, le modèle biaisé du concept d'« objet » ou de « chose », entouré d'un halo fétichiste, produit d'apparentes techniques de validation et de légitimation des énoncés qui consistent en un cérémonial primitif et superstitieux, sous l'apparence d'une procédure de confirmation.

1. *Cf.* A. Einstein, *Geometrie und Erfahrung*, Berlin, Julius Springer, 1921, p. 5.

CHAPITRE IV

LA SCIENCE ET LES FORMES DE LA VIE HUMAINE

1. *Le modèle cinématico-géométrique et le système physique des forces centrales*

Vers la moitié du XVIIe siècle, les systèmes scientifico-philosophiques unitaires et complets résolvaient l'explication des phénomènes spécifiques et concrets par leur réduction à certaines fonctions assertoriques privilégiées et codifiées dans la forme de principes généraux de la nature, pourvus d'un pouvoir stratégique par le haut. Les principes physiques cartésiens de l'inertie, de la quantité constante de mouvement dans l'Univers, le modèle physique des tourbillons ou celui de la réflexion et de la réfraction de la lumière, étaient consignés à un statut épistémologique d'irrévocabilité ; il s'agissait de principes physiques non susceptibles de modifications et de corrections. Les classes variées des phénomènes empiriques devaient être plutôt disciplinées et gérées au sein d'embossages théoriques modelés sur des principes généraux de la nature préalablement définis. Derrière le dos de ce privilège accordé à de tels principes, s'effectuait la sélection d'un modèle grammatical du discours scientifique.

Dans la seconde moitié du XVIIe siècle, le modèle cinématico-géométrique cartésien commence à entrer en crise. Non seulement est alors définie une nouvelle légalité du monde physique, mais le panorama catégorial de la science se voit également transformé.

Est aussi définie une nouvelle image scientifico-philosophique du cosmos et, parallèlement, les modèles de légitimation et de décision des assertions scientifiques se voient transformés à travers les théories de Boyle, de Newton et de Locke.

Si l'on se demande comment le newtonianisme a fait pour remplacer la physique cartésienne, la réponse la plus évidente semble être que la physique cartésienne s'est révélée être un instrument théorique inutilisable pour une explication appropriée des phénomènes astronomiques. Le modèle cinématico-géométrique cartésien entrait en conflit avec les lois de Kepler. La théorie physique cartésienne n'était pas, par exemple, en mesure de justifier le fait que la période qu'une planète met pour parcourir son orbite varie comme la puissance trois demi de la dimension de l'ellipse. Le mécanisme cartésien, modelé sur les hypothèses de l'espace plein et de l'action de contact, était incapable de justifier l'autre loi képlérienne pour laquelle une planète balaye en temps égaux des aires égales, au cours de sa révolution autour du soleil. Or, ce genre de réponse, bien que correcte en principe, n'en constitue pas moins une réponse insuffisante. Une théorie scientifique n'est pas supplantée par une autre simplement parce que la nouvelle affronte de manière plus valide que l'ancienne une classe de phénomènes que celle-ci laissait inexpliqués. D'ordinaire, il n'existe pas de mouvement simple et ponctuel par lequel une théorie scientifique en remplace une autre.

Le rejet d'une théorie scientifique implique non seulement l'introduction d'un module explicatif d'une classe de phénomènes plus valide que celui offert par le corps des énoncés scientifiques transmis, mais il exige l'engagement à s'en remettre à un apparat catégorial entièrement nouveau, à de nouveaux habitus décisionnels, à de nouvelles techniques de légitimation des assertions scientifiques.

En principe, la théorie newtonienne pouvait se vanter d'une indubitable supériorité à l'égard de la théorie cartésienne des tourbillons dans l'explication des phénomènes astronomiques. Elle devait cependant rencontrer de très fortes résistances de la part de scientifiques et de philosophes comme Huygens et Leibniz qui, à travers des ajustements théorico-expérimentaux, tentaient d'assurer la survie du modèle à la fois mécaniste et partisan du plein de la théorie des tourbillons. Comme on sait, les adversaires de Newton déclarèrent que c'était un géomètre certes très habile, mais ils lui contestèrent la validité de la doctrine de la gravitation universelle exposée dans ses *Principia Mathematica*. On sait aussi comment la doctrine physique cartésienne devait survivre longtemps après 1687, date de la première édition de l'œuvre newtonienne. La raison de cette survie dépend de la complexité des conditions auxquelles sont soumises l'acceptation et la légitimation d'une nouvelle théorie scientifique. En échange de ses explications appropriées et contrôlées, consignées à un formalisme mathématique rigoureux, la physique newtonienne impliquait une technique de légitimation et de décision des assertions scientifiques dont l'acceptation pouvait susciter (et de fait suscita) difficultés et perplexités. On sait qu'à l'égard de la physique newtonienne se manifesta la réserve que l'explication de la gravité en termes d'une force d'attraction dont on connaissait la légalité mathématique, mais non le statut physique, proposait à nouveaux frais le modèle d'une *vis occulta*. Selon ses adversaires, Newton aurait ressuscité ces mythologies philosophiques qui avaient été bannies grâce à la méthode cartésienne de l'évidence et à son modèle cinématico-géométrique.

Newton avait offert un corps de propositions scientifiques contrôlées qui impliquaient en outre l'acceptation d'un système de constructions théoriques suscitant quelques perplexités et bien des réserves : tels étaient le statut cosmologique de l'espace et du temps absolus, le modèle vacuitaire, et le schème de l'action à distance[1] exercée par une force d'attraction admise comme loi purement mathématique, dépourvue de toute charge proprement physique. Accepter le newtonianisme ne signifiait pas seulement accomplir une démarche simple et linéaire à l'égard d'une théorie qui expliquait mieux que les précédentes les phénomènes qui concernaient le ciel, la mer et la terre. Cela signifiait accepter toute une stratégie de conditions théoriques qui impliquaient, entre autres choses, l'adhésion au modèle physique de l'action à distance, dans l'espace vide, de la part de forces dont le statut physique, laissé délibérément dans l'indécision, assumait une fonction occulte.

Le newtonianisme sacrifiait ce système méthodologiquement érigé en certitudes et en évidences intellectuelles au sein duquel le cartésianisme avait fixé son image du cosmos et des interactions mécaniques. De fait, les philosophes et les scientifiques ont

1. En réalité, Newton rejetait le modèle de l'action à distance au sens où son acceptation aurait impliqué d'admettre la force d'attraction comme propriété physique des corps. « Vous parlez parfois de la gravité comme si elle était essentielle et inhérente à la matière. Je vous prie de ne pas m'attribuer pareille notion, car la cause de la gravité est ce que personnellement je ne prétend pas connaître », lettre de Newton à Bentley du 17 janvier 1692-1693; *cf.* I. Newton, « Four Letters from Sir. I. Newton to Doctor Bentley », in *Papers and Letters on Natural Philosophy*, éd. I.B. Cohen, Cambridge, Cambridge University Press, 1958, p. 298. « Il est inconcevable que, sans la médiation d'autre chose qui ne serait pas matériel, la nature brute inanimée opère sur une autre matière et la modifie sans contact réciproque, comme cela devrait être si la gravité au sens d'Épicure était essentielle et lui était inhérente. Que la gravité soit innée, inhérente et essentielle à la matière, de manière à ce qu'un corps puisse agir sur un autre corps à distance et à travers le *vacuum*, sans la médiation d'aucune autre chose par laquelle et à travers laquelle leur action et leur force pourraient être communiquées de l'une à l'autre, cela est, selon moi, d'une telle absurdité, que je crois que personne ayant quelque compétence dans les arguments philosophiques ne saurait jamais y tomber. La gravité doit être causée par un Agent qui agit constamment en conformité avec certaines lois; mais quant à savoir si cet agent est matériel ou immatériel, je laisse à mes lecteurs le soin d'en décider », lettre de Newton à Bentley du 25 février 1692-1693 (*ibid.*, p. 302-303). *Cf.* aussi R. Bentley, *The Works*, éd. A. Dyce (1836-1838), London, F. Macpherson, 1938 (reproduction anastatique, Hildesheim-New York, 1971, vol. III, p. 210-212).

souvent manifesté une certaine résistance à s'écarter du système des énoncés scientifiques transmis qui se voyait menacé par une classe de phénomènes restés inexpliqués. Et ils ont manifesté d'autant plus de scrupules que le rejet du modèle traditionnel, ou pour le moins dominant, impliquait l'adhésion à de nouveaux modèles philosophiques, à de nouveaux apparats catégoriaux et à différents habitus de décision.

L'acceptation d'une nouvelle doctrine scientifique apparaît ainsi immanente à l'adhésion à un nouveau paradigme de validité et à une nouvelle technique de décision concernant les assertions scientifiques. En ce sens, l'acceptation de la théorie newtonienne impliquait, par exemple, le renoncement à une explication des phénomènes physiques en termes de collisions mécaniques et d'actions de contact. Un habitus décisionnel qui n'aurait pu en aucun cas se résoudre en faveur du modèle de l'action à distance au sein d'espaces à la fois infinis et vides aurait ratifié le refus de la physique newtonienne, malgré la rigueur de son formalisme mathématique.

L'opinion de ceux qui (comme Popper dans une certaine mesure[1]) font reposer la pérennité des théories scientifiques uniquement sur la sentence des faits ou sur le verdict exprimé par l'objectivité neutre et inexorable des résultats expérimentaux apparaît comme absolument insuffisante. Les divers ajustements apportés au XIXe siècle au modèle de l'éther, auquel étaient attribuées des propriétés physiques qui, d'un côté, devaient

1. D'après Popper, une théorie est falsifiée par des assertions-base (décrivant des effets physiques singuliers) qui la contredisent. Popper relève que l'assertion-base constitue un falsificateur de la théorie scientifique si elle énonce un effet physique reproductible : des événements physiques singuliers non reproductibles ne constituent pas des falsificateurs d'une théorie scientifique. *Cf.* K. Popper, *Logic of Scientific Discovery* (1934), chap. IV, § 22, London, Hutchinson, 1972, p. 86-87; trad. fr. N. Thyssen-Rutten et Ph. Devaux, *La logique de la découverte scientifique*, Paris, Payot, 1973, p. 85-86.

expliquer la propagation de la lumière sous forme d'ondes transversales et, de l'autre, ne devaient opposer aucune résistance au mouvement des planètes; ou encore, l'hypothèse de la contraction de Lorentz pour assurer la survie du modèle de l'éther après l'expérience de Michelson et Morley, sont des circonstances exemplaires du fait qu'*une théorie n'est pas ordinairement balayée par une expérience qui la falsifie, mais par l'apparat d'une autre théorie* (qui, bien entendu, dispose d'une assise technico-expérimentale, s'il s'agit d'une théorie scientifique). Ce sont les circonstances exemplaires du fait que *les théories ne se confrontent pas simplement et linéairement à des expériences, mais bel et bien à d'autres théories, et que la confrontation advient entre théories qui incorporent des dispositifs expérimentaux.*

Cela ne doit pas conduire à la fallacieuse philosophie d'une réduction ou d'une dépréciation de la fonction du contrôle expérimental des théories. Il faut se rappeler que si les faits, si les données expérimentales décident du destin des théories scientifiques, ils ne parlent jamais tous seuls, mais seulement à travers tout l'apparat catégorial et grammatical d'une théorie. Et, comme nous l'avons vu, une théorie scientifique n'est pas réductible à un inventaire d'enregistrements observationnels. Ce n'est pas, par exemple, une collection de *Protokollsätze* (comme le pensaient les néo-positivistes viennois au début des années trente [1]) qui nous

1. *Cf.* par exemple M. Schlick, « Die Wende der Philosophie », *Erkenntnis*, vol. 1, 1930-1931, p. 7 : « L'acte de vérification, vers quoi s'oriente à la fin le chemin de la solution, est toujours du même genre : c'est l'occurrence d'un fait défini, qui est confirmé par l'observation, par le biais de l'expérience immédiate ». *Cf.* aussi R. Carnap, « Die alte und die neue Logik », *Erkenntnis*, vol. 1, 1930-1931, p. 24 : « L'analyse des concepts de la science a montré que tous ces concepts remontent à une base commune, et peu importe si, d'après la classification commune, ils appartiennent aux sciences naturelles, à la psychologie ou aux sciences sociales. Ils peuvent être réduits à des concepts radicaux (*Wurzelbegriffe*) qui s'appliquent au "donné", au contenu de l'expérience immédiate ». Voir en outre, de Carnap, « Psychologie in

mettraient dans l'intimité des faits. Une théorie scientifique, c'est aussi tout un système de constructions théoriques, de règles procédurales, d'habitus de décision et de légitimation des énoncés. Si, par exemple, le raisonnement scientifique doit passer par le modèle de l'action de contact et de la collision mécanique (ce qui arrive dans le cas de la physique cartésienne), il n'en pourra donc pas découler la confirmation d'une stratégie scientifique qui s'en remet à l'hypothèse du vide et à l'action à distance. Comme l'affirmait Mach, l'histoire a tout fait et elle peut tout dissoudre. Le modèle de l'action de contact devait constituer, pour une longue tradition, non seulement un principe physique général, mais encore quelque chose de plus ; on pourrait dire un paradigme de la pensée, un habitus de la mentalité scientifique, un modèle d'après lequel penser et se représenter les phénomènes physiques. Au cours du temps, les termes de cet événement devaient se renverser; le modèle de l'action à distance devait devenir à son tour un nouvel habitus de la mentalité scientifique, un paradigme évident de la représentation des phénomènes physiques.

Dans le débat entre cartésianisme et newtonianisme, *il existe une distribution diversement menée entre connaissance et ignorance*. Le newtonianisme met à disposition un système de connaissances tout en dénonçant les limites de la physique cartésienne. Il définit un modèle de force au sein d'un formalisme mathématique. Mais le newtonianisme incorpore dans sa propre théorie une grandeur dont on peut dire que, si son comportement

physikalischer Sprache », *Erkenntnis*, vol. 3, 1932-1933, p. 111-112 et « Die physikalische Sprache als Universalsprache der Wissenschaft », *Erkenntnis*, vol. 2, 1931, p. 435-440. À propos du débat sur le statut logique des énoncés protocolaires, *cf.* O. Neurath, « Protokollsätze », *Erkenntnis*, vol. 3, 1932-1933, p. 204-214 et « Radikaler Physikalismus und "Wirkliche Welt" », *Erkenntnis*, vol. 4, 1934, p. 352; R. Carnap, « Über Protokollsätze », *Erkenntnis*, vol. 3, 1932-1933, p. 215-228; M. Schlick, « Über das Fundament der Erkenntnis », *Erkenntnis*, vol. 4, 1934, p. 79-99.

est bien calculable en termes quantitatifs, son statut physique reste quant à lui délibérément indéterminé.

Que ce soit dans le cadre de la discussion théorique ou dans la reconstruction des événements historiques des doctrines scientifiques, on ne peut faire abstraction ni de la définition de l'apparat catégorial, ni de la structure linguistique à travers lesquels l'expérience est interrogée. Les théories scientifiques attribuent à leurs objets de recherche des modèles linguistiques quantitatifs à partir desquels il devient possible de construire des protocoles de légalité du monde physique[1]. La structure logico-grammaticale du langage d'une théorie scientifique inclut des paradigmes de validité, de légalité et de prévision immanents au modèle grammatical de l'objet que la théorie s'octroie à elle-même. Une théorie scientifique instruit des stratégies de raisonnement et des procédures expérimentales en suivant le modèle grammatical d'articulation linguistico-conceptuelle de l'expérience présélectionnée, en confrontant les assertions aux paradigmes de légitimation et de décision immanents au modèle en question.

L'histoire des doctrines scientifiques au sens large, c'est aussi l'histoire de la formation plus ou moins tumultueuse *des modèles de légitimation et de décision* auxquels les scientifiques, les philosophes, mais également les hommes de l'expérience ordinaire ont consigné leurs propres assertions sur le monde physique et celles qui concernent leurs propres institutions sociales, et ce dans le but d'en contrôler la validité, ainsi que – comme nous allons le voir – dans le but non cognitif d'en garantir la protection et d'en assurer la pérennité. Dès lors, *le cours d'une expérience historique intégrale s'oriente* vers la définition des modèles de légitimation, de décision à l'égard des assertions scientifiques, et

1. *Cf.* H. Weyl, *Philosophy of Mathematics and Natural Science*, Princeton, Princeton University Press, 1949, p. 148.

vers la formation du système catégorial et de la grammaire du modèle objectuel.

Au cours de leur expérience, les hommes ont construit des doctrines scientifiques et philosophiques en fonction de règles de contrôle et de validation, de paradigmes logico-linguistiques, de modèles objectuels qui avaient à voir avec leur vie, leurs façons de prédisposer des buts, leur manière de traiter les situations. Certaines versions du conventionnalisme et du nominalisme médiévaux s'avèrent historiquement liées au besoin de prédisposer des techniques de calcul des mesures linéaires et temporelles. Face à l'impossibilité, pour l'homme, de contrôler par des moyens finis des grandeurs contenant un ensemble infini de points, ou bien un intervalle de temps constitué d'instants infinis, Grosseteste introduisit un module de légitimation des mesures linéaires et temporelles dénué de tout fondement physico-mathématique réel – dont Dieu seul (qui «*omnia creavit numero, pondere et mensura*») pouvait disposer –, mais fondé par contre sur la *convention* (« *a posicione nostra* »), qui faisait correspondre à des grandeurs ou à des ensembles infinis, des grandeurs ou des ensembles finis de points ou d'instants :

> Par conséquent, tout comme les longueurs et les quantités des corps, le temps aussi peut être calculé sur la base d'une convention humaine (*a posicione nostra*), et non pas du point de vue de la nature (*a posicione naturae*) [1].

En tant que créature finie, il n'est pas donné à l'homme de contrôler ni de calculer des grandeurs infinies qui sont réservées à

1. R. Grosseteste, *Commentarius in VIII libros physicorum Aristotelis*, e fontibus manu scriptis nunc primum in lucem edidit R.C. Dales, Boulder, University of Colorado, 1963, p. 89 : « *Et tunc sicud omnis linea a nostras posicione, non a posicione naturae, potest esse racionalis et numerus corporum, sic omne tempus potest esse racionale a posicione nostra* ».

Dieu, pour qui une grandeur infinie est résoluble en un ensemble calculable de points infinis :

> Personne ne peut mesurer de cette manière sauf Dieu, pour qui les nombres infinis sont finis, et pour qui certains nombres infinis sont grands et d'autres petits. Par conséquent, si pour toute créature l'infini n'est pas fini, aucune créature ne mesure de cette manière. Et il est certain, en vérité, que pour notre intellect l'infini n'est pas fini, mais vaut plutôt le contraire; par conséquent, nous ne pouvons pas mesurer de cette manière [1].

Ainsi, dans cette version, le nominalisme et le conventionnalisme de certaines constructions linguistico-conceptuelles – la « coudée » comme paradigme de longueur conventionnel et artificiel, qui correspond en réalité à un ensemble infini de points – semblent suscités par le besoin d'introduire des paradigmes de mesure dénués de tout fondement ontologique réel. Il en va ainsi pour Georges Burley : le continu étant divisible à l'infini, l'introduction d'une unité de mesure fondamentale correspond au besoin d'une convention et non à un fondement réel de légitimité [2]. L'introduction d'unités de mesure définies par une stipulation conventionnelle était l'instrument qui permettait à l'homme d'être en mesure de contrôler des grandeurs par nature infinies et uniquement accessibles à l'œil de Dieu. *Certaines versions du nominalisme et du conventionnalisme de la philosophie médiévale ne sont que la légitimation théorique des procédures de mesure*, et ce à travers la stipulation conventionnelle qui admet

1. R. Grosseteste, *Commentarius in VIII libros physicorum Aristotelis*, *op. cit.*, p. 93 : « *Per hunc modum mensurandi non potest mensurare nisi iste* [à savoir, Dieu] *cui numeri infiniti finiti sunt, et cui unus numerus infinitus est magnus et alius parvus. Unde si nullo creato est infinitum finitum, nullum creatum sic mensurat. Et certum autem est quod nostre intelligencie non est infinitum finitum, sed pocius econtrario; unde predicto modo mensurare non possumus* ».

2. *Cf.* G. Burley, *In Physicam Aristotelis expositio et quaestiones*, Venetiis, 1501, IV, 102, folio 1331*v*.

des ensembles infinis de points ou d'instants comme grandeurs finies, contrôlables par des instruments de mesure artificiels et introduits par ces créatures finies que sont les hommes. D'après Grosseteste, un coude est bien par convention une unité de mesure simple et élémentaire, dès lors qu'il désigne une grandeur linéaire composée d'un ensemble infini de points. Le besoin profond d'établir des techniques de mesure a ainsi introduit la convention d'admettre comme *simple* et *indécomposable* ce qui était considéré comme une grandeur composée d'une infinité de points. *Le besoin d'une convention immanente à la forme de vie humaine faisait fonctionner un modèle linguistique en dehors de toute relation à ce qu'on considérait alors comme la structure objective de la réalité*. Le nominalisme philosophique est la version logico-philosophique de cette importante manœuvre stratégique.

2. *Marchands, juges, charpentiers, voyageurs et géomètres*

Au XVIIe siècle, on assiste à une imposante transformation de tout le panorama épistémologique. D'après la méthodologie cinématico-géométrisante de Descartes et de Hobbes, par exemple, les théories scientifiques sont des systèmes théoriques unitaires et englobants, érigés sur la base de principes irrévocables à partir desquels est inférée l'explication de n'importe quel phénomène physique concret. La mathématique offre l'apparat grammatical dans lequel se construisent le modèle objectuel et les normes de validité du discours scientifique. D'après Galilée, la science n'est possible que si elle est en mesure de lire la nature dans son langage mathématique[1]. Mais au cours de la seconde moitié du siècle, Boyle répliquait que le livre de la nature est un livre admirable écrit par Dieu en langage corpusculaire. La

1. *Cf.* G. Galilei, *Il Saggiatore*, *op. cit.*, vol. VI, p. 232 ; trad. fr., p. 141.

science physique de Boyle et de Newton se modelait dans la grammaire d'un langage corpusculaire qui assumait l'univers physique comme le théâtre des interactions d'une pluralité de forces centrales. Le système grammatical et catégorial du langage scientifique employé mutait en une nouvelle modalité d'approche de l'expérience; par conséquent, mutait également le module de l'objectualité, qui était redéfinie en termes de langage corpusculaire. L'interaction des forces gravitationnelles de la terre et de la lune constituait, par exemple, une fonction d'ensemble des forces exercées par des masses ponctiformes qui composaient les corps macroscopiques. À l'introduction de grandeurs infinitésimales et fluentes correspond le modèle du raisonnement scientifique newtonien, qui ne semble pas stratégiquement organisé *par le haut* (comme c'était le cas des systèmes théoriques propres au cartésianisme), mais qui rétablit les conditions explicatives des phénomènes étudiés à partir des comportements dynamiques des grandeurs corpusculaires.

Le cartésianisme avait par contre tenté d'expliquer les phénomènes physiques par une stratégie théorique *par le haut* de type fondationnel, confiée à certains principes généraux d'interprétation de la nature admis comme irrévocables. Newton, au contraire, reconstruisait les macrostructures physiques à partir des fonctions exprimées par un système de forces centrales de masses ponctiformes. Il inaugurait une stratégie épistémologique qui renonçait à des imputations théoriques générales et unitaires sur le statut physique de la force d'attraction. Une stratégie qui ne passait plus, comme cela avait été le cas avec les systèmes de Descartes, de Hobbes et de Gassendi, à travers les principes généraux d'une science hypothétique, d'un savoir suppositif, mais par une technique analytique et une méthodologie expérimentale qui retrouvait les caractéristiques particulières des grandeurs physiques.

> Quoi que soit la lumière, je suppose seulement qu'elle est formée de rayons différents les uns des autres par des facteurs contingents, comme la grandeur, la forme ou la force; exactement comme diffèrent les grains de sable de la plage, les vagues de la mer, les visages des hommes, et toutes les autres choses naturelles du même genre [1].

Ramener, comme le faisait Newton, les mouvements des corps à l'attraction universelle, attraction que le savant anglais, professant ne pas en connaître la nature [2], laissait délibérément dans l'indécision quant à son statut physique, *présupposait un modèle de légitimation et de décision des assertions scientifiques* profondément différent du modèle cartésien. Sur la base de ce dernier, les énoncés étaient légitimés en tant qu'ils s'avéraient conformes à un modèle d'évidence au sein duquel l'intuition intellectuelle saisissait les connexions universelles et nécessaires entre les idées claires et distinctes. Par contre, la physique newtonienne ne se présente pas comme une théorie éclairée par le régime d'évidence propre à une intuition intellectuelle. En déclarant vouloir éviter le recours aux hypothèses générales et unitaires qui avaient accordé aux doctrines scientifiques du passé d'ordonner une stratégie *par le haut*, *de type fondationnel*, des phénomènes physiques, Newton s'attachait à une stratégie épistémologique modelée sur la législation mathématique des faits, sans avoir à concocter des hypothèses théoriques fictives concernant leur statut physique ou métaphysique.

Dans le modèle newtonien de décision des assertions concernant le comportement d'une force, l'attraction universelle,

1. I. Newton, « An Hypothesis explaining the Properties of Light » (1675), *in* Th. Birch, *History of the Royal Society, 1756-1757*, London, A. Millar, 1757 (reproduction anastatique, Hildesheim, 1968, vol. III, p. 255). Voir également I. Newton, *Papers and Letters*, *op. cit.*, p. 185.

2. Cf. *supra*, p. 100, note 1. Voir en outre Fontenelle, *The Elogium of Sir Isaac Newton*, London, 1728, p. 11 ; *cf.* I. Newton, *Papers and Letters*, *op. cit.*, p. 453.

dont le statut physique demeurait délibérément indécis, fonde l'issue historique d'un module entièrement nouveau de formation des techniques de légitimation des propositions scientifiques. Avec les théories scientifiques de Boyle et de Newton entre en vigueur *un nouveau modèle décisionnel où se fonde une expérience historico-culturelle intégrale*. Il s'agit d'un module de légitimation et de décision exposé initialement dans le langage théologique durant les débats sur la « règle de la foi » (*rule of faith*) qui ont eu lieu tout au long du XVIIe siècle en Angleterre. Les débats théologiques dus à certains théologiens anglicans libéraux, tels que William Chillingworth (1602-1643) et John Tillotson (1630-1694), expriment de nouvelles techniques décisionnelles, de nouveaux habitus d'acceptation et de légitimation des assertions formées dans le medium d'une nouvelle forme de vie sociale, d'un nouveau système de comportements dans les circonstances ordinaires de l'expérience quotidienne. En polémique avec les papistes, qui tentaient de se constituer en Église officielle d'Angleterre, les théologiens anglicans libéraux refusaient de subordonner la légitimation de la règle de foi pour le salut à un critère de certitude absolue et infaillible. Les théologiens catholiques insistaient par contre sur le caractère indispensable d'une norme de certitude infaillible dans l'orientation des choix religieux. L'Église de Rome était à la fois dépositaire d'un tel patrimoine de certitudes et la haute institution universelle en mesure de discipliner les croyances et les choix religieux. Absoluité, universalité et stratégie disciplinaire par le haut définissaient le modèle décisionnel proposé par la théologie catholique. Du côté des théologiens anglicans libéraux comme Chillingworth (probablement influencé par l'œuvre de Sébastien Castellion) et Tillotson, était défini un modèle de décision qui ne faisait plus appel à un paradigme de certitude absolue. Était en train de se formuler une méthodologie de la décision sur les articles de foi nécessaires au salut qui s'en remettait – plutôt qu'à la discipline de normes absolument certaines et impossibles à repérer – à des raisons de type probabiliste. Répondant au polémiste catholique Edward Knott, qui faisait reposer la règle du salut sous la direction infaillible de l'Église catholique, Chillingworth affirmait :

> Qui ne voit que des millions d'hommes dans le monde renoncent fréquemment à leurs aisances et à leurs plaisirs, se soumettent à de grandes peines, affrontent de grandes difficultés, s'aventurent en de grands dangers, et font tout cela non sur la base de quelque attente certaine, mais sur celle d'un espoir probable (*probable hope*) de quelque gain et avantage futurs, non pas infinis et éternels, mais finis et limités dans le temps ? Qui ne voit que de nombreux hommes s'abstiennent de très nombreuses choses qu'ils désirent ardemment, non pas sur la base d'une sécurité certaine, mais d'une crainte probable (*probable fear*) du danger qui pourrait en découler ? Quel homme n'a jamais été si follement attaché à un penny au point de ne pas le dépenser volontiers dans l'espoir qu'en agissant ainsi il pourrait gagner cent milles sterlings ? Personnellement, je désirerais volontiers savoir « quelles heureuses probabilités » vous pourriez concevoir pour le dissuader d'une telle décision. Et si vous ne réussissez à en concevoir aucune, quelle raison ou bon sens y a-t-il, à part une espérance probable de bonheur infini et éternel, pourvu que tous ceux qui obéissent à Jésus-Christ, d'une foi d'autant plus ferme qu'elle n'est pas aussi certaine que les sens ou la science, soient en mesure de contraindre notre volonté à l'obéissance, et d'affronter toutes ces tentations que la chair et le sang peuvent susciter pour nous éloigner d'elle ? Les hommes peuvent parler à leur guise d'une certitude absolue et infaillible, mais s'ils avaient cru en général que l'obéissance au Christ est la seule voie pour le bonheur présent et éternel, tout aussi fermement et indubitablement qu'ils croient en l'existence d'une ville comme Constantinople, ou bien qu'ils croient aux Commentaires de César ou à l'histoire de Salluste, je crois que la vie de la plupart

> des hommes, qu'ils soient papistes ou protestants, serait meilleure qu'elle n'est[1].

D'après Chillingworth, la décision quant à la règle de comportement qui peut conduire au salut ne doit pas être corroborée par le fondement d'une certitude irrévocable et infaillible, par une quelconque fondation rocheuse, mais par un critère de sécurité commensurable aux limites et aux possibilités des facultés humaines telles qu'elles se manifestent dans les circonstances ordinaires de la vie.

> Même si nous ne croyons pas que les livres de l'Écriture soient canoniques en tant qu'ils prétendent l'être (car d'autres livres qui ne sont pas canoniques peuvent le prétendre, et ceux qui le sont ne peuvent rien dire à ce propos), nous le croyons cependant non sur la base de l'autorité de votre Église [l'Église catholique], mais sur celle de la crédibilité de la tradition universelle, qui est chose par soi crédible, et par conséquent adaptée pour y donner sa confiance, là où l'autorité de votre Église [l'Église catholique] ne l'est pas. Et c'est pourquoi le fait que vous ayez foi en elle n'est pas un acte rationnel, mais purement volontaire. Je pourrai tout autant me fier au jugement du premier homme qu'il m'arrive de rencontrer ou à la loterie. [...] Néanmoins, supposez que moi, dans ce cas et dans tous les autres, je me soumette à son commandement [à savoir celui de l'Église catholique] ; comment pourrais-je m'assurer que je ne me tromperais pas en procédant ainsi ? Elle prétend en vérité à l'infaillibilité ; mais comment peut-elle nous assurer qu'elle la possède ? Sur la base des Écritures ? Celles-ci, dites-vous, ne peuvent nous assurer de leur infaillibilité et, par conséquent, pas même de la vôtre. Sur la base de la raison ? Mais celle-ci, dites-vous, peut s'avérer trompeuse dans d'autres choses, et alors pourquoi pas pour celle-là ? Comment peut-elle nous assurer de cela ? Simplement en l'affirmant ? Mais autour de cette affirmation, reste encore ouverte la question suivante :

1. W. Chillingworth, *The Works*, Oxford, Oxford University Press, 1938 (reproduction anastatique, New York, AMS Press, 1972, vol. II, p. 321-322).

comment peut-elle prouver elle-même qu'elle est infailliblement vraie ? Et il ne peut y avoir un terme aux questions qui se posent de cette manière, tant que nous ne nous appuyons pas sur quelque chose d'évident par soi-même, qui démontrera au monde que l'Église est infaillible. Et constatant qu'il n'existe aucun rocher sur lequel pourrait se fonder l'infaillibilité de cette Église, elle est nécessairement destinée à flotter éternellement comme l'île de Délos[1].

Dans les choix de la règle pour le salut, les hommes peuvent, d'après la théologie libérale de Chillingworth, *s'en tenir aux mêmes critères que ceux qui orientent leur conduite dans les circonstances de la vie commune et de l'expérience ordinaire de chaque jour*. Le degré de certitude atteint sur la base des présomptions ordinaires de probabilité auxquelles se confient les hommes d'affaires, les marchands dans leurs transactions financières ordinaires ou dans leurs entreprises accompagnées d'un certain degré de risque – sur la base d'une certaine dose d'évidence –, constitue un schème de référence central des débats dans lesquels les théologiens anglicans libéraux du XVIIe siècle posent le problème de la règle du salut. Plutôt que de rechercher des certitudes impossibles, pourquoi un homme ne devrait-il pas se fier, dans sa décision concernant des questions de foi, à cette « certitude morale » (*moral certainty*), à ces mêmes présomptions de probabilité auxquelles se confient les marchands alors même qu'ils risquent leurs sterlings dans le chargement d'un navire qui doit traverser les océans ?

Marchands, juges, charpentiers, voyageurs et géomètres : aucun d'eux, observe Chillingworth, *ne possède une règle infaillible*. Au lieu d'une prétendue règle de certitude infaillible, au lieu du mythe d'une disposition théorique infaillible et garantie, Chillingworth substitue une certitude morale, exposée à des

1. *Ibid.*, vol. I, p. 176-177.

erreurs et à des déviations, qui *dispose d'un degré de certitude incommensurable à un critère abstraitement cognitif et idéal, mais commensurable à la mesure d'évidence idoine à produire la décision et l'action*. Le critère de l'évidence doit être mesuré à sa capacité à *se traduire en une décision, en une conduite*, d'après les modèles de comportement propres aux circonstances ordinaires de la vie. Les jugements ne sont pas infaillibles, mais disposent néanmoins d'une certitude qui se révèle suffisante pour décider si un homme est coupable ou innocent. Aucun voyageur, observe Chillingworth, n'est toujours et totalement certain de son chemin, ce qui ne l'empêche pas d'avoir confiance dans le fait qu'en s'engageant dans Charing-Cross, il arrivera à Whitehall. Géomètres et charpentiers ne disposent pas de règles infaillibles, mais ils ne sont pas pour autant dépourvus de ces degrés raisonnables de confiance et de sécurité qui s'obtiennent de fait dans le cours des démonstrations de théorèmes, ou bien en travaillant avec la règle et l'équerre.

> Nos juges ne sont pas infaillibles dans leurs jugements, mais ils sont néanmoins suffisamment certains de juger avec équité et de procéder en conformité avec l'évidence qui est disponible, quand ils condamnent un voleur ou un assassin au gibet. Un voyageur n'est pas toujours certain de son chemin, et souvent même il se trompe ; mais s'ensuit-il qu'il ne peut avoir aucune assurance que Charing-Cross est bien le bon chemin pour aller au Temple à Whitehall ? La raison de votre erreur dans ce cas est de ne pas faire la distinction entre certitude effective et infaillibilité absolue. Les géomètres ne sont pas infaillibles dans leur science ; toutefois, ils sont tout à fait certains de ces choses qu'ils constatent comme étant démontrées ; et les charpentiers ne sont pas infaillibles, mais ils sont néanmoins certains de la justesse de ces choses qui s'accordent à la règle et à l'équerre. Ainsi, même si l'Église n'est pas infailliblement certaine que dans toutes ses définitions, dont certaines sont des arguments discutables et ambigus, elle procèdera selon sa règle propre, néanmoins, étant

certaine de l'infaillibilité de sa règle et qu'en tel ou tel cas elle procède manifestement en conformité avec elle, elle peut être certaine de la vérité de certains de ses décrets, quand bien même elle n'est pas certaine de ne jamais décréter quoi que ce soit qui ne soit pas vrai [1].

3. *Le crépuscule de la probabilité*

Procédures et critères décisionnels modelés sur les comportements manifestés par les hommes dans les situations ordinaires de leur vie, dans les procès judiciaires, dans les entreprises commerciales à risque, ou encore dans la démonstration des théorèmes de géométrie, devaient influer sur la formation des habitus de décision et sur les techniques de légitimation des questions scientifiques et philosophiques. Le discours sur la probabilité dans le quatrième livre de l'*Essay concerning Human Understanding* de John Locke a dû être influencé par la dimension probabiliste qui investit le modèle de la conduite des hommes et qui détermine la matrice de leur forme de vie. Locke devait reconnaître que les hommes sont destinés à vivre dans le « *crépuscule de la probabilité* » [2], car la plupart des connaissances qui leur sont disponibles ont un caractère probabiliste.

Les modèles décisionnels, élaborés par les théologiens anglicans libéraux en référence aux choix et aux problèmes spéculatifs de l'expérience religieuse, devaient influencer la formation et la stratégie méthodologico-scientifique de John Wilkins, de Joseph Glanvill, de Robert Boyle, d'Isaac Newton et de John Locke. Ces fondateurs et animateurs de la « Royal Society », ces

1. *Ibid.*, vol. II, p. 332-333.

2. *Cf.* J. Locke, *An Essay concerning Human Understanding*, IV, XIV, 2, éd. A. Campbell Fraser, Oxford, Clarendon Press, 1894, p. 360; trad. fr. J.-M. Vienne, *Essai sur l'entendement humain*, Paris, Vrin, 2002, p. 240.

partisans de l'« *experimental philosophy* » – rejetant les dispositifs théoriques unitaires, complets, fondés sur des principes irrévocables, qui avaient été élaborés vers le milieu du XVIIe siècle – étudient les nouveaux modèles décisionnels et les nouveaux paradigmes de légitimation des énoncés formés tout au long d'une forme de vie humaine.

Avant même de constituer des paradigmes théoriques pour la décidabilité des questions scientifiques, les nouveaux modèles de légitimation et de décision ont été des modèles de comportement, des schèmes de conduite dans le medium de la vie quotidienne, employés par des juges, des charpentiers, des géomètres, des voyageurs et des marchands, sans parler de ceux qui s'en faisaient un instrument pour élaborer les attentes d'une vie éternelle. Le sens commun, à savoir l'ensemble des règles qui orientent les décisions des hommes dans les situations ordinaires de la vie, pénétrait ainsi dans la science et dans la philosophie. Les habitus décisionnels, formés par la conduite fondée sur les présomptions de probabilité, pénétraient le terrain méthodologique du savoir philosophico-scientifique, engendrant de nouveaux modèles de légitimation des assertions scientifiques.

CHAPITRE V

VIE QUOTIDIENNE ET CONDUITE INTELLECTUELLE

Dans l'œuvre de l'hérétique savoyard Sébastien Castellion (1515-1563), on peut, dans le cadre des choix religieux, repérer la matrice d'un modèle de croyance et de décision qui est défini en référence aux comportements et aux motivations de la conduite propres à la vie de tous les jours. Les hommes peuvent accorder leur assentiment à la doctrine chrétienne sur la base des mêmes conditions que celles par lesquelles ils accordent ordinairement leur confiance à une personne considérée comme sûre. « Je dis qu'il faut croire à la doctrine chrétienne, en vertu des mêmes raisons qui nous font communément accorder notre créance à quelqu'un » [1]. L'étude menée par Castellion sur les « *causes de la foi* » est une recherche sur la formation des habitus de la croyance et de la décision orientée sur la base de l'analogie avec les comportements manifestés par les hommes dans les circonstances ordinaires de leur vie. L'analyse du témoignage prend alors de

1. « *Dico Christianae doctrinae credendum esse propter eas omnes causas, quibus alicui conciliari fides solet* », S. Castellion, *De Arte Dubitandi et Confidendi, Ignorandi et Sciendi*, in *Per la storia degli eretici italiani del secolo XVI in Europa*, textes recueillis par D. Cantimori et E. Feist, Roma, Reale Accademia d'Italia, 1937, p. 323; trad. fr. Ch. Baudouin, *De l'art de douter et de croire, d'ignorer et de savoir*, Carrières-sous-Poissy, Éditions La Cause, 1996, p. 48.

l'importance comme critère d'orientation dans la formation des décisions.

La «*concordia*» et la «*constantia*» des témoignages est la première des conditions: «La première [condition] est la concordance et la constance, par exemple quand une personne n'est aucunement en désaccord avec elle-même et mieux encore quand on peut en dire autant de plusieurs personnes, comme c'est le cas lorsque plusieurs témoins interrogés avec soin à diverses reprises apportent des témoignages toujours concordants»[1]. La deuxième condition pour accorder sa confiance et son assentiment à quelqu'un est la concordance de ses témoignages avec les données de sa propre expérience, dans le cas où il s'agit d'assertions concernant des faits, des événements, des situations dont l'expérience directe n'est pas disponible. «Si nous éprouvons un assentiment immédiat de ces témoignages intimes en faveur de ce qu'une personne nous dit, nous la croyons là aussi où nous n'éprouvons pas cette confirmation du sentiment»[2]. Castellion construisait, dans les termes d'une description des procédures décisionnelles de la vie quotidienne, le modèle de ce qu'aujourd'hui nous définirions en termes plus techniques de courbe d'extrapolation[3].

1. «*Primum est concordia et constantia, ut si quis nulla in re a seipso discrepat et maxime si plures id faciunt, quale est, si plures testes saepius et caute interrogati inter sese semper concordant*», S. Castellion, *De Arte Dubitandi et Confidendi, Ignorandi et Sciendi*, *op. cit.*, p. 323; trad. fr., p. 48-49.

2. «*Si id compluribus in locis ita esse sine errore deprehendimus, eum peritum eius rei esse credimus eique in iis quoque partibus, quas non videmus, fidem adhibemus*», *ibid.*; trad. fr., p. 49.

3. Étant donnée une ligne continue qui connecte un ensemble de points donnés empiriquement sur un domaine exploré, on peut obtenir une *extension* de la ligne, au-delà des données empiriques observées qui sont disponibles, grâce à une *interpolation*, et en admettant certaines valeurs intermédiaires selon un critère de simplicité; ou l'on peut obtenir une *extrapolation*, en admettant de nouvelles valeurs – toujours en conformité avec un critère de simplicité –, comme cela se produit dans les prévisions scientifiques, au-delà de celles dont on dispose dans un domaine empirique exploré.

En troisième lieu, l'assentiment et la décision peuvent se former sur la base d'une confiance qui s'est consolidée au cours d'expériences répétées. Traduisant la doctrine de Castellion dans le langage technique de l'épistémologie moderne, nous pourrions demander: pourquoi ne devrions-nous pas construire notre courbe d'extrapolation ou d'interpolation des comportements du marchand qui ne nous a jamais trompé? « Ainsi, lorsqu'un marchand n'a jamais trompé notre foi, nous croyons qu'il ne ment pas et nous avons confiance en lui »[1].

Castellion tire le quatrième critère de l'« *opus* » et de l'« *experientia* », c'est-à-dire de l'activité industrieuse et de la compétence formées au cours d'expériences répétées. « Si, par exemple, nous avons vu un serrurier fabriquer comme il faut une serrure ou une clé, nous croyons qu'il fera bien aussi un verrou ou un loquet, ou quelque autre chose de ce genre »[2]. De l'activité et de la compétence du forgeron on est induit à former l'espérance sur de futurs produits de son travail. Il s'agit d'un habitus d'attente ou d'une forte présomption probabiliste sur le comportement du forgeron ou sur les transactions commerciales du marchand, formés à travers le contrôle de preuves répétées.

Castellion définissait donc les conditions de l'assentiment à accorder à la doctrine chrétienne sur la base de quatre critères de formation et de contrôle dérivés de la pratique de la vie quotidienne, des modèles de comportement de l'expérience ordinaire[3]. Castellion avait considéré les circonstances de la vie quotidienne, les modèles de comportement que les hommes manifestent au cours de leur conduite dans les affaires, dans les transactions com-

1. « *Fidelitas, ut si quis mercator semper fidelis fuit nec unquam fidem fefellit, eum non mentiri credimus eique confidimus* », S. Castellion, *De Arte Dubitandi et Confidendi*, *op. cit.*, p. 323; trad. fr., p. 49.

2. « *Ut si quem videmus fabrum serarium bene fecisse seram aut clavem, credimus et repagulum aut pessulum aut aliquid tale bene esse facturum* », *ibid.*

3. *Ibid.*, p. 323-324; trad. fr., p. 49 *sq.*

merciales, dans les activités manufacturières, dans la formation de leurs techniques d'attente à l'égard des événements futurs. Il retrouvait dans les formes de la vie quotidienne des modèles de formation des croyances, de l'assentiment, de la décision de conduite qui pouvaient valoir comme critères de décision des questions doctrinales et spéculatives. Des modèles de conduite dans les circonstances caractéristiques de la vie quotidienne se retraduisaient en modèles de conduite intellectuelle, en paradigmes de décision de questions conceptuelles.

Les modèles décisionnels que Castellion avait déduits des formes de conduite pratique de la vie humaine durent probablement passer dans les œuvres des théologiens latitudinaires comme William Chillingworth et purent, peut-être, inspirer le chapitre sur la probabilité de l'*Essay concerning Human Understanding* de John Locke. Celui-ci montrait en outre avoir subi l'influence de la technique analytique cartésienne en continuant de privilégier le module de la connaissance intuitive-démonstrative[1] reproduit fidèlement dans les *Regulae ad Directionem Ingenii*[2]. Par ce résidu de cartésianisme, Locke démentait la stratégie de la méthode empiriste et lui opposait des objections. Mais il s'agissait là d'un accident, bien que de dimensions imposantes; en effet, Locke confessait que le modèle intuitif-démonstratif assurait de bien piètres et stériles connaissances. Comme nous le savons, Locke considérait la majeure partie des connaissances humaines comme consignées au crépuscule de la probabilité.

1. *Cf.* J. Locke, *An Essay concerning Human Understanding*, *op. cit.*, IV, II, 1-4, vol. II, p. 177-179; trad. fr., p. 43-46. Sur le rapport Locke-Descartes eu égard au module de la connaissance intuitive-démonstrative, *cf.* l'analyse de Carlo Augusto Viano in *John Locke. Dal razionalismo all'illuminismo*, Torino, Einaudi, 1960, p. 494-505.

2. *Cf.* R. Descartes, *Regulae ad Directionem Ingenii*, III, dans *Œuvres*, *op. cit.*, vol. X, p. 366-370.

C'est aussi pourquoi Locke menait une analyse du témoignage au sein d'une hiérarchie des degrés distincts de fiabilité. Mais ce qu'il importe ici de noter, c'est que la probabilité est assumée par Locke comme le module de la connaissance où, entre le sujet et le prédicat d'une proposition, il est impossible d'assurer aucune connexion interne, ni de type intuitif, ni de type démonstratif. Ainsi, on dit d'une assertion qu'elle est probabiliste précisément pour cette raison : parce qu'elle est dépourvue de tels réquisits, c'est-à-dire parce que la raison de sa légitimité ou le fondement de sa validité ne sont pas repérables au niveau de la connexion qui lie un sujet à un prédicat sous une forme propositionnelle. C'est pourquoi il s'agit bien là d'une assertion probabiliste, car elle ne contient pas dans ses propres termes constitutifs les conditions de sa propre légitimation, et elle reste donc encore *à prouver*. Le fondement ou la condition de légitimation d'un énoncé probabiliste vont donc pour ainsi dire être recherchés à l'extérieur de cet énoncé lui-même [1], dans le témoignage fiable, dans la supposition corroborée par l'expérience répétée et transmise. Il n'y a pas d'autre condition pour décider de l'assertion selon laquelle la verge que Moïse tenait en main se transforma en serpent, excepté le témoignage fiable des Saintes Écritures (qui constitue précisément une condition externe de légitimation).

Il est significatif que Locke, le philosophe qui a traduit dans la forme d'un langage philosophique généralisé l'épistémologie de Boyle et de Newton, ait résolu pratiquement la totalité des connaissances humaines dans le cadre de la probabilité, c'est-à-dire dans une classe d'énoncés qui tirent les fondements de la connexion de leurs propres termes constitutifs de *conditions*

1. « Ce qui me fait croire est quelque chose d'extérieur à la chose que je crois ; quelque chose qui n'est évidemment pas commun par les deux côtés aux idées qui sont à l'étude, et qui ne démontre pas de manière manifeste leur concordance ou discordance », J. Locke, *An Essay concerning Human Understanding*, *op. cit.*, IV, XV, 3, p. 365 ; trad. fr., p. 246.

externes et indépendantes. Dans la lecture de Locke, il faut être attentif à cette situation d'*extériorité* des conditions probatoires des assertions probabilistes. Elle met en effet en lumière un modèle d'assentiment et de décision non fondé sur un ordre prétendu d'évidences intellectuelles, sur un éventuel dispositif de raisons idéales intrinsèques.

Le modèle lockien de la probabilité, avec sa référence à des conditions probatoires externes, reflète – au niveau technique d'un discours philosophique généralisé – la stratégie des modèles décisionnels et des habitus d'assentiment que Castellion avait définis en les déduisant de la conduite pratique, des comportements des hommes dans les circonstances caractéristiques de leur vie quotidienne. Castellion avait décidé d'orienter les choix religieux sur la base des modules d'assentiment et de décision que les hommes assument dans les situations de la vie commune et de l'expérience ordinaire. Non par conséquent à travers une stratégie de raisonnement, filtrée à partir de raisons à caractère idéal et engagée sur des questions spéculatives comme par exemple l'être du Christ : savoir où il est, ce qu'il fait, s'il est assis à la droite du Père, en quel sens ne fait-il qu'un avec Dieu le père – ou encore, sur des problèmes spéculatifs tels que la trinité, la prédestination, le libre arbitre, les anges ou l'état des âmes dans l'autre vie[1].

1. « *Quis in id omni cura incumbit, ut sancte, ut juste, ut pie vivat in hoc seculo, expectans adventum beati Dei ? Nihil minus curatur, vera pietas et Charitas jacet atque friget : vita nostra traducitur in contentionibus et omni genere vitiorum. Disputatur non de via, qua ad Christum veniri possit, hoc est, de vitae correctione : sed de ipsius Christi statu et officio, ubinam nunc sit ipse Christus, quid agat, quomodo sedeat ad dextram patris, quomodo sit unus cum patre. Item de trinitate, de praedestinatione, de libero arbitrio, de Deo, de angelis, de statu animarum post hanc vitam, et caeteris huiusmodi rebus : quae neque ad salutem per fidem obtinendam usque adeo cognitu necessariae sunt* », S. Castellion, *De Haereticis, an sint persequendi*, reproduction en fac-similé de l'édition de 1554, avec une introduction de S. Van der Woude, Genève, 1954, p. 4-5. Sur l'attribution de cet écrit à Castellion, *cf.* les observations de Roland H. Bainton in *Concerning Heretics. Whether they are to be persecuted and how they are to be treated*, New York, Columbia University Press, 1935, p. 3-11.

Dans le modèle lockien de la connaissance probabiliste, dans l'extériorité et dans l'indépendance de ses conditions probatoires, se reflète un paradigme décisionnel analogue à celui que Castellion avait esquissé en le dégageant des circonstances et des formes de la vie humaine, des usages, des coutumes, des comportements des hommes, c'est-à-dire des conditions qui étaient précisément externes et indépendantes eu égard aux questions qu'il fallait décider.

On peut se demander (simplement pour poser une question de style non académique) de quel type de problèmes s'occupait Castellion alors qu'il définissait sa doctrine de l'assentiment et de la décision; ou bien encore, de quel genre étaient les problèmes affrontés par Locke alors qu'il traitait de la probabilité et déclarait que quasiment tout le patrimoine cognitif de l'humanité s'inscrit sous le sceau de la probabilité. Il n'y avait pas de problèmes spécifiquement théologiques, éthiques, philosophiques, méthodologiques, ou même scientifiques; en réalité, *il s'agissait uniquement de problèmes qui traversaient toute l'épaisseur d'une forme de vie et qui définissaient une approche intégrale simultanée des dimensions d'une expérience et d'un système humain de comportements*. On peut présumer qu'en sortant du système d'ordre et de sécurité prévisionnelle de la vie féodale et en s'exposant aux activités risquées des entreprises mercantiles ou des recherches visant à la maximalisation des profits, les hommes formèrent des modèles de décision et de conduite conformes aux présomptions probabilistes, aux habitus d'attente conjecturale basés sur les quantités d'évidence et de preuves disponibles, au sein d'une forme de vie dans laquelle il n'y avait plus désormais de certitudes garanties. Puis, mais seulement bien plus tard, arrivèrent les philosophes, les théologiens, les épistémologues pour mettre sous forme de limpides schèmes conceptuels et de techniques d'inférence aménagés, ce qui avait constitué à l'origine des modèles de la conduite pratique ou, plus précisément, des modèles d'une conduite intégrale de vie.

Mais tout cela est resté pour ainsi dire une histoire un peu cachée, car les hommes ont cherché à occulter les racines pratiques de leurs habitus intellectuels, comme s'ils pressentaient une faute cachée dans les matrices sociales de leur conduite et percevaient ces habitus comme plus facilement exposés aux démentis et aux contradictions, une fois dévoilé leur enracinement dans leur forme de vie.

CHAPITRE VI

LE DIEU-SEIGNEUR DU COSMOS ET LA SCIENCE DES HOMMES-SERFS

Dans le « Scolium Generale » du troisième livre des *Principia Mathematica*, Newton expose les difficultés auxquelles est exposée la théorie cartésienne des tourbillons. Pour que les tourbillons mineurs décrits autour de Saturne, de Jupiter et des autres planètes se conservent et flottent à l'intérieur du tourbillon solaire, il faudrait admettre que les temps périodiques des parties du tourbillon solaire soient égaux. En réalité, les mouvements de révolution du soleil et des autres planètes autour de leur axe ne se conforment pas aux mouvements tourbillonnaires décrits par Descartes. Avec eux, il est impossible de justifier les mouvements des comètes qui sont entraînées par des mouvements excentriques dans toutes les régions du ciel. Pour Newton, cela ne peut arriver qu'à une seule condition : l'élimination des tourbillons. Descartes avait fixé un schème de l'univers fondé sur le plein. Mais dans le « vide boylien », en supprimant la résistance à laquelle sont sensibles les projectiles, la fine plume et l'or pesant tombent à la même vitesse. Et c'est selon la même modalité que les astres se déplacent dans les espaces célestes.

Les planètes et les comètes circulent sur des orbites données d'après la loi de la gravitation universelle mais, précise Newton, « la position primitive et régulière de ces orbes ne peut être attribuée à ces lois »[1]. Ce qui signifie qu'il n'est pas possible d'expliquer les mouvements de révolution concentriques des six planètes principales, ayant la même direction de déplacement approximativement le long d'un même plan, en vertu de la loi d'attraction. Les dix lunes tournent autour de la Terre, de Jupiter et de Saturne, en cercles concentriques, avec la même direction de déplacement, plus ou moins sur le plan des orbites des planètes. Newton déclare à ce propos que la régularité de ces déplacements ne peut tirer son origine « de causes mécaniques » (*ex causis mechanicis*). « Cette structure très élégante du soleil, des planètes et des comètes » (*elegantissima haecce solis, planetarum, et cometarum compagines*) ne peut avoir tiré sa propre origine que « du dessein et du pouvoir d'un Étant intelligent et puissant » (*nisi consilio et dominio entis intellegentis et potentis*). Si ensuite les étoiles fixes sont les centres de systèmes analogues, poursuit Newton, ceux-ci s'avèreront construits suivant un dessein analogue et se révèleront soumis au pouvoir « d'Un seul » (*Unius*) : d'un souverain unique qui a disposé les systèmes des étoiles fixes à des distances immenses afin qu'elles ne se précipitent pas les unes sur les autres par effet de la gravité.

Pour Newton, l'univers révèle, à travers la régularité de la disposition de ses parties et de son organisation dynamique, un ordre non reconductible à un système de causes mécaniques – comme l'exige par contre la théorie physique cartésienne –, mais dépendant de la sagesse, de la volonté et de la puissance d'un unique et puissant souverain. Dieu, en effet, ne discipline pas le système physique en tant qu'il serait l'âme du monde (ce

1. « *Sed regularem orbium situm primitus acquirere per leges hasce minime potuerunt* », I. Newton, *Philosophiae Naturalis Principia Mathematica*, the third edition (1726) with variant readings, assembled and edited by A. Koyré and I.B. Cohen, Cambridge (Mass.), Harvard University Press, 1972, vol. II, p. 759 ; trad. fr. par la marquise du Châtelet, *Principes mathématiques de la philosophie naturelle*, Paris, Desaint et Saillant, 1759, t. II, p. 175.

qu'affirmera plus tard Leibniz), mais en tant que « seigneur et maître de toutes choses » (*sed universorum dominus*) [1].

Le Dieu de Newton n'est pas le porteur d'un ordre idéal saisissable *a priori* grâce à une intuition intellectuelle. Newton peut interpréter la grammaire du concept de Dieu uniquement en référence au concept de maître, de seigneur et de serf. Serf et maître sont les deux termes constitutifs d'un même modèle grammatical. « Car Dieu est un mot relatif et qui se rapporte à des serviteurs » (*Nam Deus est vox relativa et ad servos refertur*). À partir de ce paradigme, Newton explique que Dieu (le sage et puissant régisseur de la merveilleuse structure de l'univers) n'est pas l'âme du monde, car il n'a pas à l'égard du monde la relation de disciplinement que l'âme a au corps, mais bel et bien ce rapport de pouvoir que le maître, le seigneur entretient avec ses serfs. « Car la divinité est la puissance suprême non pas seulement sur des êtres matériels, comme le pensent ceux qui font de Dieu uniquement l'âme du monde, mais sur des êtres qui lui sont soumis » [2].

Le module newtonien du concept de Dieu se décide en rapport à sa fonction de pouvoir et de domination. Dieu est sage, infini, absolument parfait; mais que valent sagesse et perfection intellectuelle sans les fonctions de commandement et de pouvoir ? « Mais un être, quelque parfait qu'il fût, s'il n'avait pas de domination ne serait pas Dieu » (*Sed ens utcunque perfectum sine dominio non est dominus deus*). Pourquoi importe-t-il tellement à Newton de définir non pas le *deus*, mais un *dominus deus*, quitte à générer une tautologie ? La grammaire du langage est codifiée par Newton en termes de schème de pouvoir et de domination : « Nous disons mon Dieu, votre Dieu, le Dieu d'Israël, le Dieu des Dieux, et le Seigneur des Seigneurs, mais nous ne disons point, mon Eternel,

1. *Ibid.*, p. 760 ; trad. fr., p. 175.

2. « *Deitas est dominatio dei, non in corpus proprium, uti sentiunt quibus deus est anima mundi, sed in servos* », *ibid.* ; trad. fr., p. 176.

votre Eternel, l'Eternel d'Israël, l'Eternel des Dieux; nous ne disons point, mon infini, ni mon parfait». Pourquoi donc ne disons-nous pas toutes ces choses-là? Parce que, explique Newton, «ces dénominations n'ont pas de rapport avec les serfs»[1]. *Dieu signifie donc maître et seigneur.* Mais il n'est pas de maître sans pouvoir; il n'est pas de seigneur sans exercice de la domination. C'est à partir de l'*exercice effectif* du pouvoir qu'il se déduit que Dieu est vivant et présent, qu'il est un seigneur intelligent et puissant.

Quand Newton énonce sa stratégie scientifico-méthodologique en termes de technique d'investigation qui, partant des phénomènes observés, infère inductivement le comportement d'une force énonçable sous la forme de la loi de la gravitation universelle; quand il déclare ne pas vouloir imaginer des hypothèses fictives et incontrôlées, il instaure une stratégie scientifico-méthodologique qui ne provient pas du schème d'un ordre des raisons idéales, de relations attribuées à l'intuition purement intellectuelle[2]. La formation du schème symbolique de la loi de la gravitation était une fonction identifiable à partir de l'expérimentation d'un pouvoir de disciplinement effectif et actuel que la

1. «*Dicimus enim deus meus, deus vester, deus Israelis, deus deorum, et dominus dominorum: sed non dicimus aeternus meus, aeternus vester, aeternus Israelis, aeternus deorum; non dicimus infinitus meus, vel perfectus meus. [...] Haec appellationes relationem non habent ad servos*», I. Newton, *Philosophiae Naturalis Principia Mathematica*, *op. cit.*, p. 760-761; trad. fr., p. 176.

2. «*In philosophia experimentali, propositiones ex phaenomenis per inductionem collectae, non obstantibus contrariis hypothesibus, pro veris aut accurate aut quamproxime haberi debent, donec alia occurrerint phaenomena, per quae aut accuratiores reddantur aut exceptionibus obnoxiae. Hoc fieri debet ne argumentum inductionis tollatur per hypotheses*», *ibid.*, p. 555; trad. fr., p. 5: «Dans la philosophie expérimentale, les propositions tirées par induction des phénomènes doivent être regardées, malgré les hypothèses contraires, comme exactement ou à peu près vraies, jusqu'à ce que quelques autres phénomènes les confirment entièrement ou fassent voir qu'elles sont sujettes à des exceptions. Car une hypothèse ne peut affaiblir les raisonnements fondés de l'induction tirés de l'expérience».

force, symboliquement traduite en assertion légiforme, s'avérait exercer de fait sur les phénomènes physiques. Dieu et la loi de la gravitation universelle sont des termes susceptibles d'expliquer la structure du cosmos, non pas en termes d'un modèle idéal possible mais indécidable, mais bel et bien en vertu d'un pouvoir effectif de disciplinement constatable dans les faits. Voilà pourquoi Newton déclarait : « *Hypotheses non fingo* ». Dieu qui « *omnia regit* » ne constitue pas une structure idéale, n'est pas l'anticipation idéale des faits et des forces, mais il est le pouvoir et la domination qu'exprime la force. Dieu n'est pas l'ordre idéal du monde, mais l'artisan de l'ordre cosmique.

Le Dieu de Newton n'actualise ni ne traduit les modèles de mondes possibles dans des structures factuelles ; il ne diffuse pas à cet effet un dessein cosmique que l'homme pourrait percevoir par le biais d'une intuition intellectuelle *a priori*. Pour les *Principia Mathematica*, Dieu constitue le monde spatio-temporel de par son existence effective. Puisqu'il dure, il constitue la durée ; puisqu'il est partout, il constitue l'espace[1]. De même que l'homme est une personne indivisible à travers le cours mouvant des temps, des lieux et des circonstances, de même Dieu parcourt l'infini et l'éternel comme un seigneur un, éternel et indivisible, à travers les espaces et les temps infinis. Le Dieu de Newton parle le langage des faits. Il réalise son pouvoir d'organisation du cosmos non pas *en vertu* de son être, mais par la *substantialité* de son être : « *nam virtus sine substantia subsistere non potest* »[2].

Newton définissait sa stratégie épistémologique et sa position philosophique en imputant les constructions idéales des lois physiques et de la géométrie aux pouvoirs effectifs qui les mettent en acte. Comme nous l'avons vu, Dieu constitue les paramètres spatio-temporels par sa propre durée et sa propre extension. En

1. *Ibid.*, p. 761 ; trad. fr., p. 177.
2. *Ibid.*, p. 762 ; trad. fr., p. 177.

outre, Newton observe à propos de la distinction traditionnelle entre *mécanique rationnelle*, consignée aux démonstrations rigoureuses, et *mécanique pratique*, référée aux arts manuels, qu'il n'y a aucune raison d'introduire une hiérarchie de niveaux. Les imperfections qui ont conduit à hiérarchiser un tel rapport ne concernent pas la mécanique comme telle, mais les procédures erronées ou approximatives des artisans[1]. D'après Newton, la géométrie opère sur les constructions mises à disposition par la mécanique (*fundatur geometria in praxi mechanica*). La géométrie est la classe des assertions disciplinant l'usage des grandeurs construites par la mécanique, et c'est pourquoi elle se fonde sur une technique constructrice d'objets. « Car c'est de cette dernière que dépend la description des lignes droites et des cercles sur lesquelles elle est fondée. Il est effectivement nécessaire que celui qui veut s'instruire dans la géométrie sache décrire ces lignes avant de prendre les premières leçons de cette science. [...] On emprunte de la mécanique leur solution : la géométrie enseigne leur usage. [...] La géométrie est donc fondée sur une pratique mécanique, et elle n'est autre chose qu'une branche de la mécanique universelle, qui traite et qui démontre l'art de mesurer »[2].

1. « *Attamen errores non sunt artis, sed artificum. Qui minus accurate operatur, imperfectior est mechanicus, et si quis accuratissime operari posset, hic foret mechanicus omnium perfectissimus* », I. Newton, *Philosophiae Naturalis Principia Mathematica, op. cit.*, vol. I, p. 15 ; trad. fr., t. I, p. XIV-XV : « Cependant les erreurs que commet celui qui exerce un art sont de l'artiste et non de l'art. Celui qui opère moins exactement est un mécanicien moins parfait, et conséquemment celui qui opérera parfaitement sera le meilleur ».

2. « *Nam et linearum rectarum et circulorum descriptiones, in quibus geometria fundatur, ad mechanicam pertinent. Has lineas describere geometria non docet, sed postulat. [...] Ex mechanica postulatur horum solutio, in geometria docetur solutorum usus. [...] Fundatur igitur geometria in praxi mechanica, et nihil aliud est mechanicae universalis pars illa, quae artem mensurandi accurate proponit ac demonstrat* », *ibid.* ; trad. fr., p. XV.

Puisque la connaissance se fonde sur l'expérimentation de constructions opératoires, pour Newton l'homme ne peut prendre connaissance que des *attributs des choses*, non de leur statut substantiel. « Nous voyons les figures et les couleurs des corps, nous entendons leurs sons, nous touchons leurs superficies extérieures, nous sentons leurs odeurs, nous goûtons leurs saveurs : mais quant aux substances intimes, nous ne les connaissons par aucun sens, ni par aucune réflexion; et nous avons encore beaucoup moins d'idée de la substance de Dieu »[1]. Pour Newton, Dieu n'est connaissable que sur la base de ses propriétés et de ses attributs, ou sur le fondement de l'exercice de ses pouvoirs, de la domination qu'il exerce sur l'ensemble du cosmos. « Nous le connaissons seulement par ses propriétés et ses attributs, par la structure très sage et très excellente des choses, et par leurs causes finales; nous l'admirons à cause de ses perfections; nous le révérons et l'adorons à cause de son empire : nous l'adorons comme soumis »[2].

L'articulation conceptuelle de l'expérience newtonienne est fondée sur les fonctions de la décision, de l'exercice du pouvoir et du commandement. Émerge le phénoménisme et décline l'ordre idéal des raisons métaphysiques, du moment que l'expérience des fonctions de domination et de pouvoir est le nouveau livre que doit lire le philosophe. Les hommes se représentent et adorent le Dieu newtonien comme peuvent le faire des serfs. Le Dieu de Newton n'est ni de l'ordre du fait, ni de l'ordre de la nature; ce n'est pas un objet métaphysique installé au cœur d'une nécessité inéluctable.

1. « *Videmus tantum corporum figuras et colores, audimus tantum sonos, tangimus tantum superficies externas, olfacimus odores solos, et gustamus sapores : intimas substantias nullo sensu, nulla actione reflexa cognoscimus; et multo minus ideam habemus substantiae dei* », *ibid.*, vol. II, p. 763; trad. fr., t. II, p. 178.

2. « *Hunc [deum] solummodo per proprietates ejus et attributa, et per sapientissimas et optimas rerum structuras et causas finales, et admiramur ob perfectiones; veneramur autem et colimus ob dominium. Colimus enim ut servi* », *ibid.*

Dieu est le sujet de décisions qui édifient la structure du cosmos; « car un Dieu sans providence, sans empire et sans causes finales, n'est pas autre chose que le destin et la nature »[1]. Newton fonde un nouveau modèle grammatical où lire la structure du cosmos. Celle-ci lui apparaît comme le terme d'une décision, d'une fonction volontaire, et non comme l'explicitation d'un ordre idéal disponible pour l'intuition intellectuelle. « La diversité qui règne en tout, quant au temps et aux lieux, ne peut venir que de la volonté et de la sagesse d'un Être qui existe nécessairement »[2].

Comme nous l'avons déjà observé, l'empirisme a historiquement cristallisé le cours des expériences en « objets », en « entités » perceptuelles, en unités simples et indépendantes, en « *sense-data* » ou en « *sensibilia* », comme on a pu par exemple les dénommer. Mais la matrice originaire de ces positions théoriques n'est pas, à son tour, déposée dans un schème de type objectuel. Empirisme et phénoménisme (version radicale du premier) sont nés du rejet de l'ordre idéal des substances métaphysiques, du régime des essences intellectuelles, pour assumer une matrice décisionnelle dans la configuration du cosmos. Le privilège accordé à la méthode empirique et à la philosophie expérimentale provenait de l'exigence d'*assurer l'existence d'une quelconque entité à partir de la manifestation de ses pouvoirs*. En ce sens, alors que Newton déclarait que les hommes doivent adorer et honorer Dieu comme les serfs adorent et honorent leur maître, il en venait à admettre le cosmos et la force qui le traverse – l'attraction universelle – comme les termes d'une volonté et comme fonctions d'une domination.

1. « *Deus sine dominio, providentia, et causis finalibus nihil aliud est quam fatum et natura* », I. Newton, *Philosophiae Naturalis Principia Mathematica*, *op. cit.*, vol. II, p. 763 ; trad. fr., t. II, p. 178.

2. « *Tota rerum conditarum pro locis ac temporibus diversitas, ab ideis et voluntate entis necessario existentis solummodo oriri potuit* », *ibid.*

En ce sens, Newton rejetait le mécanisme comme schème d'un ordre physique autonome, indépendant, clos sur soi, mais restaurait les causes finales. En déclarant à la fin des *Principia* avoir ramené les phénomènes du ciel et de la terre à la force de gravité, sans en assigner la cause, Newton abandonnait l'explication de l'attraction universelle (« *rationem vero harum gravitatis proprietatum* » [1]). Toute imputation explicative qui ne s'orientait pas vers l'expérimentation d'opérations, d'effets observables des grandeurs physiques, mais qui se dirigeait vers des ordres possibles idéaux, c'est-à-dire des systèmes conjecturaux et suppositifs exclusivement déployés sur le plan de la consistance et de la cohérence intellectuelles, était rejetée sous l'intitulé peu flatteur d'*hypothèse*. « Car tout ce qui ne se déduit point des phénomènes est une *hypothèse* : et les hypothèses, soit métaphysiques, soit physiques, soit mécaniques, soit celles des qualités occultes, ne doivent pas être reçues dans la philosophie expérimentale. Dans cette philosophie, on tire les propositions des phénomènes et on les rend ensuite générales par les inductions » [2].

Hume devait ratifier dans la forme d'un langage philosophique généralisé la contingence de ce monde qui ne reposait plus sur un ordre de raisons idéales et qui avait été remis en question par la physique de Newton. Une stratégie d'inférences *a priori* ne pouvait plus décider d'aucune question scientifique. « Toutes ces suppositions sont cohérentes et concevables. Pourquoi devrions-nous donner notre préférence à l'une d'entre elles qui n'est pas plus cohérente ou concevable que les autres? Aucun raisonnement *a priori* ne réussira jamais à justifier cette préférence.

1. *Ibid.*, p. 764.

2. « *Quicquid enim ex phaenomenis non deducitur*, hypothesis *vocanda est; et hypotheses seu metaphysicae, seu physicae, seu qualitatum occultarum, seu mechanicae, in philosophia experimentali locum non habent. In hac philosophia propositiones deducuntur ex phaenomenis, et redduntur generales per inductionem* », *ibid.* ; trad. fr., p. 179.

En un mot, par conséquent, tout effet est un fait distinct de sa cause »[1]. Hume introduisait en philosophie ce que l'on pourrait appeler le sens de la possibilité; au lieu d'un modèle ou d'un aménagement rigide d'explication, il introduisait un faisceau d'alternatives possibles entre lesquelles il n'y a aucune raison d'établir une préférence.

Si le modèle de l'action à distance avait pu sembler inconcevable aux cartésiens, Hume quant à lui découvrait un cadre de contingence précisément sur le terrain de ces collisions mécaniques que la physique cartésienne avait admis au sein d'un schème univoque et invariant[2]. Hume considérait l'imputation causale des phénomènes physiques comme étant arbitraire[3]. Les techniques de la raison n'étaient pas en mesure de définir un contexte univoque dans le domaine des relations causales. Le monde que Newton avait dépossédé de tout halo intellectualiste, en le soustrayant à la stratégie des explications conjecturales et hypothétiques des systèmes théoriques unitaires et complets de la première moitié du XVIIe siècle, apparaissait à Hume comme

1. D. Hume, *An Enquiry concerning Human Understanding*, section IV, partie I, in *The Philosophical Works*, *op. cit.*, reproduction anastatique, vol. IV, p. 26-27; trad. fr. M. Malherbe, *Enquête sur l'entendement humain*, Paris, Vrin, 2008, p. 105.

2. « Quand je vois, par exemple, une balle de billard qui se déplace en ligne droite vers une autre, même en supposant que le mouvement de la seconde boule me soit suggéré accidentellement comme le résultat de leur contact ou impulsion, ne puis-je pas concevoir que cent faits différents pourraient également s'ensuivre de cette cause ? Ces deux boules ne pourraient-elles pas s'arrêter et rester en position de repos absolu ? La première boule ne pourrait-elle pas revenir en arrière en ligne droite ou rebondir sur la seconde en suivant une ligne ou une direction quelconques ? Toutes ces suppositions sont cohérentes et concevables. Pourquoi devrions-nous donner notre préférence à l'une d'entre elles qui n'est pas plus cohérente ou concevable que les autres ? Aucun raisonnement *a priori* ne réussira jamais à justifier cette préférence », *ibid.*

3. « La conjonction de l'effet avec la cause apparaîtra comme également arbitraire, car il y a toujours d'autres effets très nombreux qui apparaîtront à la raison tout aussi cohérents et naturels. C'est par conséquent en vain que nous prétendrons déterminer quelque fait singulier, ou inférer quelque cause ou quelque effet sans l'aide de l'observation et de l'expérience », *ibid.*, p. 27; trad. fr., p. 105-107.

dépourvu de connexions explicatives garanties sur le plan des procédures et des techniques rationnelles. Hume réinterprétait ce monde dans les termes d'un langage décisionniste, alors qu'il assumait la croyance (*belief*) dans l'ordre et la régularité de l'expérience comme modèle d'une décision dépourvue de légitimation rationnelle. « Dans tous les raisonnements dérivant de l'expérience, il y a un pas accompli par l'esprit qui n'est étayé par aucun argument ni aucun procès de l'entendement. [...] Si l'esprit n'est pas contraint d'accomplir ce pas par des arguments, il doit y être induit par quelque autre principe de poids égal et d'égale autorité »[1]. Cet autre principe, c'est la coutume ou l'habitude, « le grand guide de la vie humaine »[2], à savoir un modèle décisionnel qui assume et privilégie un schème d'ordonnancement de l'expérience en dehors de toute dimension de rationalité[3].

1. *Ibid.*, section V, partie I, p. 36 ; trad. fr., p. 131-133.

2. *Ibid.*, p. 39 ; trad. fr., p. 139.

3. « Toutes les inférences de l'expérience sont donc des effets de l'habitude et non du raisonnement », *ibid.*, p. 38 ; trad. fr., p. 137.

CHAPITRE VII

LA SCIENCE ET LE DISCIPLINEMENT DE LA VIE HUMAINE

1. *La stratégie du fondement*

En tant que fonctions décisionnelles, l'universalité ou la généralité reflètent non seulement la mise en place d'une règle, d'un commandement, non passibles d'exceptions ou de révocations, mais elles ont également pour tâche d'orienter les comportements humains au sein d'un modèle de conduite à la fois compact et unitaire. Le statut de généralité d'un code pratique a pour fonction d'exalter l'efficacité d'un comportement en l'orientant dans la direction d'un modèle de conduite exclusif. En ce sens, et avant même d'être un coefficient conceptuel, la généralité a la fonction statutaire d'une décision, d'un commandement dont on ne saurait dévier. Elle a en même temps pour tâche de déterminer avec efficacité la conduite dans une direction d'un certain type, en l'exaltant par *la destruction des modèles de comportement alternatifs possibles, grâce à leur abaissement au rang de simple empirie*.

Comme on sait, Kant concluait sa deuxième *Critique* en observant que deux choses remplissaient son âme d'admiration et de respect : le ciel étoilé au-dessus de lui, et la loi morale en lui. Par cette affirmation, Kant reconnaissait tout simplement s'en être remis à deux modèles de légalité d'un certain type : « je les vois devant moi et je les relie immédiatement à la conscience de mon existence» (*verknüpfe sie unmittelbar mit dem Bewusstsein meiner Existenz*)[1].

Je veux dire par là que Kant aurait pu voir d'autres choses en dehors du cosmos newtonien et du cosmos moral intérieur modelé sur la condition analytique. Mais l'exclusion de modèles alternatifs, tout particulièrement en ce qui concerne le code pratique de la conduite, s'opère spécifiquement sur la base du processus d'universalisation d'une décision destinée à sacrifier toutes les autres. Une décision pour s'orienter vers une ligne de conduite déterminée n'aurait pas besoin en vérité de requérir une prétendue validité générale. *Plutôt que de fonder la décision, l'universalité s'avère en réalité fondée sur la décision.* L'universalité est le symptôme d'une décision qui a toujours déjà été prise. Une décision pourrait s'orienter d'elle-même vers une ligne de conduite sans devoir nécessairement s'inscrire dans un schème de validité générale. La décision pourrait ainsi être prise sans mettre en mouvement le dispositif d'un apparat de légalité universelle, si ce n'est qu'en réalité la décision se doit, dans des situations déterminées ou au sein d'une forme de vie humaine, d'être exclusive.

Le statut de généralité d'une législation morale est un facteur supplémentaire, additif, que réalise la détermination efficace et compacte d'une décision. L'universalité est en ce sens un instrument de disciplinement de la vie humaine, une fonction d'ordre de la vie civile. Mais philosophes, théologiens, et parfois même scientifiques, ont cru pouvoir identifier une espèce de lieu théorique où traiter pour ainsi dire *de manière isolée* les problèmes moraux, théoriques, cosmologiques, religieux et juridiques. En

1. E. Kant, *Kritik der praktischen Vernunft*, in *Gesammelte Schriften*, vol. V, Berlin, Reimer, 1908, p. 162; trad. fr. *Critique de la raison pratique*, dans *Œuvres philosophiques*, t. II, Paris, Gallimard, 1985, p. 802.

réalité, ils opéraient en concomitance avec des décisions et des stipulations qui répondaient à de profonds besoins d'organisation et de disciplinement de leur forme de vie. Il existe une matrice artisanale des systèmes conceptuels les plus élevés. Le régime d'abstraction et de généralité dans lequel philosophes et scientifiques ont opéré n'est pas vraiment un symptôme d'éloignement à l'égard des formes de l'expérience et de la vie ordinaire des hommes. Si ce n'est qu'à différents niveaux de la technique philosophique et épistémologique, il ne s'agissait pas, comme on l'a cru, d'organiser la confrontation de modèles conceptuels à une réalité qui devait être dominée au niveau cognitif, mais bel et bien d'opérations, de processus de recherche qui s'avéraient clos en eux-mêmes, autrement dit de stratégies théoriques, de systèmes linguistico-conceptuels élaborés en vue du disciplinement et de la structure d'ordre des formes de vie des hommes, et nullement d'une fonction cognitive.

À la lumière de ce qui vient d'être dit, le problème classique des fondements de certaines disciplines scientifiques déborde très largement la simple question de spécialiste. Il a certainement été au cœur du problème technique des fondements de la mathématique ou de la logique et des stratégies de l'épistémologie. Mais il a été également, et il demeure encore, le symptôme d'un besoin profondément enraciné de réaliser des situations garanties, des régimes théoriques de sécurité contre d'autres modèles de disciplinement et d'ordonnancement considérés comme précaires et peu sûrs. En ce sens, il n'a pas suffi et il n'a pas semblé suffisant aux théoriciens des fondements de la mathématique que les raisonnements mathématiques soient menés au sein de procédures pourvues de significations univoques et cohérentes. C'est comme si, pour Frege, Russell ou Hilbert, *la mathématique ne pouvait se suffire à elle-même*. Surgissait alors le problème d'ancrer la mathématique dans un système de garanties qui devaient lui assurer un statut de validité supérieur à celui fourni par ce que l'on pourrait définir comme le succès historique de la pratique mathématique. Il n'est peut-être pas d'autre cas où s'est fait ressentir de manière aussi exemplaire le besoin d'une telle urgence obsessionnelle à assigner des fondements à une institution déjà formée et opérant sans obstruction que dans celui du corps transmis des techniques et des énoncés de la mathématique.

Pour l'épistémologie contemporaine, le problème des fondements de la mathématique est apparu officiellement comme l'exigence de lui donner un fondement en mesure de protéger ses procédures de tout risque de rencontrer une contradiction qui serait allée se nicher dans ses conditions théoriques primitives. La métamathématique de Hilbert devait assumer la tâche de préserver le corps des mathématiques de ce que Wittgenstein a appelé « la maladie cachée » (*die versteckte Krankheit*) dans ses fondements[1]. En réalité, le problème des fondements est un problème apparent par rapport à la validité des procédures mathématiques, en tant que le corps des énoncés mathématiques n'est pas un système qui aurait été généré par cette stratégie des fondements. Et surtout, parce que le schème des fondements s'est révélé consigné à des stratégies linguistico-conceptuelles qui ne s'avèrent pas moins problématiques que les structures et les procédures qu'elles étaient destinées à protéger et à garantir. Telle est la stratégie ou l'hypothèse qui accorde à certains concepts et à certaines propositions pris comme primitifs un pouvoir général de disposition et de disciplinement par le haut, exercé sur une séquence indéfinie d'opérations et de procédures, et sur un système notationnel. Il s'agit en réalité d'une stratégie méthodologique basée sur une mésinterprétation de nos apparats catégoriaux, de nos procédures inférentielles et de l'usage du langage.

1. *Cf.* F. Waismann, *Wittgenstein und der Wiener Kreis*, *op. cit.*, p. 174 ; trad. fr., p. 153.

Dans de nombreux cas, la méthodologie et l'épistémologie passées et récentes ont assigné à des formules, à des hiérarchies de concepts et à des propositions privilégiées, une fonction de disciplinement de nos opérations symboliques et de nos procédures théoriques. Comme je l'ai observé plus haut, ces hiérarchies et ces pouvoirs de disciplinement sont des mythes philosophiques qui correspondent à des rituels méthodologiques. *Il ne s'agit pas de procédures cognitives, mais de cérémonies épistémologiques* suscitées par le besoin de situer les activités symbolico-conceptuelles à l'intérieur d'une structure d'ordre. Il ne s'agit pas de stratégies cognitives, car au lieu de fournir les modèles procéduraux des techniques constructives par lesquelles sont obtenues les classes d'énoncés d'un certain type (par exemple, les assertions sur les nombres entiers positifs ou sur les nombres rationnels), elles dissimulent la matrice constructive, en remplaçant la position d'un problème authentique par un cérémonial méthodologique fictif ; c'est-à-dire par des manœuvres stratégiques qui donnent l'apparence d'une médiation, d'un passage d'une classe de concepts et de propositions admises comme primitives, à la classe des conséquences logiquement dérivables. Dans leurs *Principia Mathematica*, Russell et Whitehead affirment par exemple que les propositions mathématiques tirent leur propre légitimation de certains concepts primitifs et de certaines propositions primordiales de la logique. Mais ces derniers sont formés à leur tour sur le modèle objectuel, sur des affirmations d'existence révocables, et sur une condition de dérivation analytique donnée pour escomptée, alors qu'elle devrait être construite et légitimée. Avec sa métamathématique, Hilbert chercha à fournir un schème théorique de garantie et de protection de la mathématique vis-à-vis d'éventuelles contradictions. En réalité, le danger de possibles contradictions n'existe pas tant qu'on ne tente pas de traduire des procédures opératoires, postulées dans le cadre d'un système notationnel, en une fonction effective d'arrêt.

Un corps d'énoncés mathématiques est généré par une technique opératoire menée à l'intérieur d'un système notationnel; mais une procédure opératoire est à son tour une condition irréductible. La recherche de son fondement ultérieur correspond à une attitude naïve, comme celle d'un enfant qui, face à un tableau, demanderait si la colline peinte soutient bien la maison peinte.

Quand Castellion ou les théologiens latitudinaires du XVIIe siècle exhibaient, au profit de la règle pour le salut de l'âme, une norme conforme aux critères qui disciplinaient les entreprises commerciales à risque, ils en appelaient à un modèle de la conduite pratique dans la vie quotidienne comme à la condition ultime et irréductible de légitimation des propositions du genre spéculatif. Les stratégies épistémologiques *du fondement* déportent les procédures mathématiques vers un cadre d'interprétation et de légitimation imaginaire et fictif. D'où notre impression que les épistémologies qui vont à la chasse aux fondements, plutôt que d'instruire des procédures cognitives, instituent des cérémonies, des rituels qui fournissent un ordre fictif où logent une classe de termes et d'opérations. Un ordre où les termes d'un certain type se trouvent situés sans livrer la clé constructive de leur connexion et de leur génération.

Pourquoi, malgré ce caractère de cérémonial inutile, le problème de la légitimation du corps des énoncés mathématiques en termes de référence à un domaine de « fondements » a-t-il été posé ? Dans le cadre d'une forme de vie où le modèle objectuel de représentation est privilégié, et où l'on fait valoir ou l'on décide l'admission de schèmes catégoriaux généraux pourvus du pouvoir de diriger nos procédures cognitives et symboliques, dans le cadre de cette forme de vie disions-nous, les énoncés mathématiques ont été placés sous le même statut de disciplinement et sous la même discipline linguistico-conceptuelle auxquels sont soumises toutes les autres institutions culturelles. Précisément parce qu'au niveau épistémologique on avait éprouvé l'absence de conditions nécessitantes et coercitives dans la formation des procédures mathématiques, s'est fait ressentir le besoin, au sein de cette forme de vie, d'assigner un fondement constrictif et inexorable – sous forme précisément de « fondements » – à des classes d'énoncés qui, abandonnés à eux-mêmes, offraient comme unique garantie la construction et la réussite de leurs propres procédures (et par conséquent, pour les chercheurs de fondements, n'en fournissaient aucune).

Le problème des fondements de la mathématique et la formation des différentes doctrines à ce sujet sont apparus en rapport à une décision qui voulait étendre un statut d'ordre et de disciplinement – sous forme de garantie théorique – à un système de procédures construites historiquement et pas à pas, et détenant ainsi, au cœur même de leur matrice constructive, la seule condition possible de légitimation.

2. *Dieu qui choisit et Dieu de nom : la raison contre le hasard*

La stratégie épistémologique des fondements, et plus généralement la philosophie et la mentalité qui vont à la chasse aux fondations, assument tranquillement comme escomptée l'idée d'un pouvoir inhérent au langage, aux systèmes notationnels du symbolisme logique et mathématique, pouvoir de générer une série pratiquement indéfinie de termes et de procédures en une séquence disciplinée et dirigée « par le haut », c'est-à-dire par un ordre catégorial disposé dans les *fondements* du système. Pareille position tire son origine d'une attitude primitive et fétichiste à l'égard du langage. Ce dernier est assumé comme un dispositif détenant en soi, comme immanents, tous les pouvoirs qui dépendent cependant de la matrice constructive de l'usage. Nous avons vu comment cette posture, que nous qualifions sans hésiter de fétichiste, est connectée au modèle objectuel et à l'idée d'un pouvoir occulte de disposition et de génération qui s'avère lié au premier. Une posture de ce genre implique par conséquent une stratégie théorique qui s'appuie sur l'acceptation envahissante et généralisée du modèle objectuel et sur l'affirmation d'une condition analytique du développement des conséquences symboliques immanentes au système notationnel.

L'*essentialisme* constitue le précipité théorique de pareils ingrédients. *Il remplace la matrice constructive des techniques linguistico-conceptuelles par le pouvoir occulte inhérent à une structure objectuelle*. Il s'agit là d'une attitude théorique enracinée dans la tradition platonisante, et qui se réfracte de différentes manières chez Descartes, Leibniz, Frege ou G.E. Moore par exemple. Conformément à cette attitude, la vérité scientifico-philosophique est un ordre idéal d'évidences constitué des relations essentielles et intelligibles instaurées dans un système de termes, de concepts ou d'idées. Entre les mains de Descartes et de Leibniz, la science physique devient un système unitaire et global dirigé par le pouvoir stratégique « par le haut » exercé par certains principes généraux d'interprétation du cosmos, à savoir par certaines fonctions assertoriques admises sous forme de principes irrévocables et non modifiables qui disciplinent les raisonnements scientifiques.

La philosophie de la logique et de la mathématique de Gottlob Frege entre dans ce cadre : pour elle, la déterminité et l'univocité des énoncés se fonde sur un « principe de complétude » (*Grundsatz der Vollständigkeit*) qui doit discipliner la définition des concepts. Pareille doctrine de la définition exige que le domaine d'un concept soit rigoureusement délimité, de manière à ce que pour tout objet possible on puisse décider s'il tombe ou pas sous ce concept. « La définition d'un concept (d'un prédicat possible) doit être complète : elle doit déterminer pour tout objet, et de manière non ambiguë, s'il tombe ou non sous ce concept (si le prédicat peut ou non en être asserté eu égard au critère de vérité). Dès lors, il ne doit y avoir aucun objet pour lequel, suivant sa définition, il subsisterait un doute quant à savoir s'il tombe ou non sous ce concept. [...] Ainsi, un concept qui n'est pas nettement défini est indûment appelé concept »[1]. Selon cette tradition de pensée, la vérité s'envisage comme un ordre complet et déployé de relations, un ordre instauré pour ainsi dire depuis toujours. Un modèle théorique de ce genre doit présupposer la possession de la vérité afin de pouvoir la trouver, et c'est Descartes qui eut le courage génial de l'admettre[2].

Pour une telle stratégie théorique qui s'arroge un domaine de transparences intellectuelles de pureté cristalline, il n'y a aucune limite à la clarté et à l'intelligibilité. Que ce soit dans le cadre du symbolisme logico-mathématique ou dans celui des grandeurs physiques, toute relation *doit* être passible d'une explication en termes d'intelligibilité exhaustive. Une attitude de ce type s'exprime exemplairement dans le débat que Leibniz engage avec Samuel Clarke. Leibniz rejette le modèle newtonien de décision des problèmes scientifiques, modèle qui s'en tient aux faits, qui repousse les affirmations hypothétiques arbitraires et incontrôlées, et qui reconduit la structure du cosmos à la volonté et au pouvoir de Dieu. Leibniz refuse un acte de la volonté, un choix divin qui ne serait pas enraciné et légitimé dans une raison ou dans

1. G. Frege, *Grundgesetze der Arithmetik*, *op. cit.*, vol. II, § 56.

2. « Vous désirez savoir un moyen de faire des expériences utiles. À cela je n'ai rien à dire, après ce que Verulamius en a écrit, sinon que sans être trop curieux à rechercher toutes les petites particularités touchant une matière, il faudrait principalement faire des Recueils généraux de toutes les choses les plus communes, et qui sont très certaines, et qui se peuvent savoir sans dépense [...] car ce sont celles qui servent infailliblement en la recherche de la vérité. Pour les plus particulières, il est impossible qu'on n'en fasse beaucoup de superflues, et même de fausses, si on ne connaît la vérité des choses avant que de les faire », lettre de Descartes à Mersenne du 23 décembre 1630, dans R. Descartes, *Œuvres*, *op. cit.*, vol. I, p. 195-196.

un principe[1]. Le principe de raison suffisante, que Leibniz oppose au modèle newtonien du choix indifférent, représente également la tentative d'inscrire le domaine des choses, des faits physiques, dans un ordre et une hiérarchie des essences et des évidences intellectuelles.

Le principe de raison suffisante est la transposition – au niveau des faits – du principe, inspiré du modèle du « fondement », de la justification et de la transparence intellectuelle des raisons idéales. En conformité avec cette stratégie, Leibniz rejetait le modèle newtonien vacuiste de l'espace et l'atomisme, car si les points de l'espace étaient égaux, il n'y aurait aucune raison pour Dieu de créer une chose en un lieu plutôt qu'en un autre. En outre, sur la base d'une technique analytique inhérente au principe des indiscernables, Leibniz refusait le modèle de deux individus qu'on ne pourrait distinguer[2]. Le schème analytico-conceptuel de l'indiscernabilité permettait à Leibniz de mettre précisément en discussion l'action de Dieu, dès lors qu'elle s'avérait dépourvue d'un fondement au sein d'un ordre de raisons idéales. En ce sens, aux yeux de Leibniz, le Dieu de Newton risquait d'« *agendo nihil agere* »[3]. Le Dieu newtonien était un Dieu qui prétendait « choisir sans discerner »; d'après Leibniz « la volonté sans raison serait le hasard des Épicuriens. Un Dieu qui agirait par une telle volonté

1. « Dans les choses indifférentes absolument, il n'y a point de choix, et par conséquent point d'élection ni volonté, puisque le choix doit avoir quelque raison ou principe », Lettre de Leibniz à Clarke, *in* G.W. von Leibniz, *Die philosophischen Schriften*, herausgegeben von C.I. Gerhardt, vol. VII, Berlin, Weidmann, 1890, p. 371; trad. fr. *Correspondance Leibniz-Clarke*, éditée par A. Robinet, Paris, P.U.F., 1991, p. 83.

2. *Ibid.*, p. 372; trad. fr., p. 84.

3. « De dire que Dieu fasse avancer tout l'Univers, en ligne droite ou autre, sans y rien changer autrement, c'est encore une supposition chimérique. Car deux états indiscernables sont le même état, et par conséquent c'est un changement qui ne change rien. De plus, il n'y a ni rime ni raison. Or Dieu ne fait rien sans raison; il est impossible qu'il y en ait ici. Outre que ce serait *agendo nihil agere*, comme je viens de le dire, à cause de l'indiscernabilité », *ibid.*, p. 373; trad. fr., p. 87-88.

serait un Dieu de nom »[1]. Dieu tire de son intériorité, du domaine de ses connaissances, la détermination de sa propre volonté : « Dieu n'est jamais déterminé par les choses externes, mais toujours par ce qui est en lui, c'est-à-dire par ses connaissances, avant qu'il y ait aucune chose hors de lui »[2]. En-dehors d'un ordre d'évidences intellectuelles et d'un domaine d'essences idéales, il n'existe pour Leibniz aucun espace de rationalité possible. Sorti de son schème fondationnel, le cosmos sombre dans la casualité et le désordre. En principe est exclue l'éventualité théorique que l'ordre et la rationalité puissent être des structurations méthodiques d'une combinaison aléatoire.

Le débat entre Leibniz, Newton et Clarke représente la confrontation exemplaire d'une stratégie scientifico-philosophique basée sur le « fondement » d'un ordre de raisons et de transparences idéales, avec une méthodologie qui tend par contre à absorber l'ordre des raisons et des essences idéales dans l'espace des faits, le choix de Dieu dans le processus et dans la décision constructive du cosmos, et la justification dans l'opération admise elle-même comme décision ultime et irréductible.

C'est pourquoi la stratégie leibnizienne a pour effet d'enraciner les raisons du monde physique dans la sphère de l'intériorité et de la réflexion. En ce sens, le débat sur l 'espace est fort significatif. Leibniz rejette le schème newtonien de l'espace comme *Sensorium Dei* : d'après lui, il n'existe pas d'expression moins adaptée à cet égard que celle qui attribue à Dieu un *Sensorium*[3]. Il ne s'agit pas seulement de la discussion de la structure théorique d'un paramètre du monde physique, mais bel

1. *Ibid.*, p. 374 ; trad. fr., p. 91.

2. *Ibid.*

3. « Il n'y a guère d'expression moins convenable sur ce sujet, que celle qui donne à Dieu un *Sensorium*. Il semble qu'elle le fait l'âme du monde. Et on aura bien de la peine à donner à l'usage que M. Newton fait de ce mot, un sens qui le puisse justifier », *ibid.*, p. 375 ; trad. fr., p. 92.

et bien d'un débat philosophique généralisé. En assumant le *Sensorium Dei*, Newton considère Dieu comme le pouvoir de disposition d'une force qui se déploie dans l'espace. Le Dieu de Newton agit dans l'espace comme la volonté opère sur un membre de notre corps. Newton a situé Dieu comme la raison immanente aux faits, mais dans un tel rapport d'intimité avec les faits que Leibniz, tout en usant dans ce contexte d'une terminologie faussée, ne manque pas de remarquer qu'« il semble qu'elle [l'expression qui donne à Dieu un *Sensorium*] le fait l'âme du monde ».

Leibniz oppose au newtonianisme le schème théorique d'un fondement de raisons idéales du monde physique, qui cependant ne vit pas dans la raison des grandeurs spatio-temporelles, mais bien dans le *medium* de la réflexion et de l'idéalité. Et il réplique en ce sens : « Dieu s'aperçoit des choses en lui-même. L'espace est le lieu des choses et non pas le lieu des idées et de Dieu » [1]. Newton considère Dieu dans l'espace comme la force (non mécanique), immanente aux grandeurs physiques, qui réalise l'ordre du cosmos sur le plan opérationnel. Par contre, Leibniz duplique cet ordre en le disposant tantôt dans la dimension des faits, des phénomènes physiques, dans le théâtre des apparences spatio-temporelles, et tantôt dans l'espace intérieur des idées divines. Newton veut s'en tenir à la seule opération ; Leibniz la transcende dans l'ordre idéalement dupliqué des fondements de raisons enracinées dans un monde d'essences.

Le monde physique newtonien repose sur une décision et sur le commandement de son seigneur-maître. C'est un cosmos discipliné par la légalité disposée par le pouvoir d'un Dieu qui n'est pas l'âme du monde (comme l'insinuait Leibniz), mais qui est certainement immanent aux grandeurs spatio-temporelles. S'en tenir aux faits, s'occuper du comportement légal de la force *sans*

1. Lettre de Leibniz à Clarke, *in* G.W. von Leibniz, *Die philosophischen Schriften*, *op. cit.*, vol. VII, p. 375 ; trad. fr., p. 92.

en rechercher l'essence, «*hypotheses non fingere*», sont les ingrédients d'une stratégie qui assume le monde comme un domaine de faits et d'opérations. Leibniz a par contre recréé l'univers physique dans un *antefact idéal* de lui-même, dans une préhistoire mythique, où la force physique a pris le statut sublimé d'une force métaphysique. D'après le module caractéristique de la duplication leibnizienne, les choses doivent être situées dans un module idéal et réflexif, avant même leur existence factuelle.

3. *Réflexion et sanction disciplinaire*

Mais l'on pourra se demander : pourquoi les philosophes ont-ils ressenti le besoin de recréer le monde ? Pourquoi l'ont-ils «raconté» de manière nouvelle, dans une version améliorée, comme le font certains portraitistes qui « embellissent » leur sujet sur la toile ? Les philosophes, ou du moins certains philosophes, et parfois même certains scientifiques, ont construit ce modèle réflexif de la connaissance qui consiste, comme nous l'avons vu, dans la duplication de la réalité qu'ils ont prise en considération, tantôt en la prenant dans sa dimension factuelle, chosale et événementielle, tantôt dans sa dimension d'ordre idéal, de structure essentielle, qui ferait office de fondement, de légitimation et d'explication de la première. Il nous faut préciser que les stratégies du « fondement » et le modèle de la duplication ou de la réflexion, que nous avons définis ci-dessus, sont strictement apparentés, et que « tout se tient ».

Mais le lien théorique entre méthodologie du « fondement » et modèle de la réflexion ou de la duplication s'étend à d'autres stratégies conceptuelles importantes de notre tradition culturelle. Même le modèle de la réflexion, en tant que mouvement de duplication de la vie intérieure, en tant qu'activité de l'esprit, est un modèle lié au schème du «fondement» et à la notion d'ordre des raisons idéales. La réflexion n'est pas un modèle théorique mieux garanti que le modèle objectuel. Il s'agit de modèles liés et solidaires qui répondent aux fonctions imposées par la forme de vie où ils ont été postulés, puis introduits. *Stratégie du fondement, essentialisme, module objectuel, réflexion, duplication sont les lieux théoriques d'une même stratégie philosophico-scientifique corrélée aux besoins d'une forme de vie humaine.*

Comme nous l'avons vu, le fondement, l'essence, le module objectuel correspondent au besoin de protéger un ordre des tentatives de son altération ou de sa révocation, en recourant au dispositif théorique de garanties que l'on attribue à un objet, à une essence, à une norme. Un ordre au sein duquel on veut diriger et discipliner une forme de vie n'est pas en effet justifié ni légitimé en lui-même : une forme de vie pourrait s'avérer être un courant de comportements et d'habitus de la conduite humaine exposés aux disciplinements les plus variés et radicalement alternatifs, ou bien même exposés à l'absence relative d'un disciplinement quelconque.

La stratégie du « fondement » et de la réflexion, le recours aux essences idéales, à l'ordre conceptuel sublimé, sont des fonctions solidaires, car une forme de vie peut trouver une « légitimation » et une sanction précisément en tant qu'elle est reconduite à et retraduite dans un nouveau langage, modelé précisément en termes d'idéalités ou de solennelles essences intellectuelles dotées d'une pureté tout à la fois sublime et cristalline.

La réflexion est ainsi le théâtre où la scène du monde est dupliquée; c'est aussi l'introjection par laquelle un ordre, une disposition disciplinaire deviennent le fondement intérieur auquel les comportements et les facteurs de la personnalité doivent être ancrés.

CHAPITRE VIII

UNIVERSALITÉ ET EMPIRIE COMME STATUTS DE LA DÉCISION

La distinction entre universalité ou généralité d'un côté, et particularité et empirie de l'autre, a tiré elle-même son origine des formes de la vie humaine, du besoin d'établir un système de permissions et d'interdictions qui définissent une sphère d'institutions, de coutumes et de comportements. Sous la loi, en tant qu'essence universelle et objectivement valide d'un cadre de comportements et d'objets, se dissimule le besoin impérieux de faire valoir une stipulation, une convention. *La loi est la retraduction d'une décision qui n'autorise aucune exception.* Sous des postures ayant admis des formulations linguistico-conceptuelles comme essences atemporelles, *a priori*, ou comme structures formelles pourvues d'un statut de validité universelle et irrévocable, se manifestait le puissant besoin de faire valoir une règle sans exceptions.

La dimension d'universalité et son opposition à l'empirie, à la particularité, doivent provenir de la forme de la vie humaine comme besoin de distinguer entre décisions qui n'admettent pas d'*exceptions*, et décisions ou modèles de conduite pour lesquels on admet leur révocabilité. Les réquisits de l'universalité et de la généralité se sont constitués au cours des formes de la vie humaine en fonction de l'extension illimitée où l'on voulait faire valoir une décision. En ce sens, *universel et particulier ont leur matrice ancrée dans les statuts d'une forme de vie humaine.*

Ce par quoi se produit l'attitude qui conduit à la loi est une convention enracinée dans un besoin profondément ressenti. Le modèle de structure d'une communauté sociale est immanent à un système d'exclusions et d'interdits qui engendrent l'idée ou le schème de la généralité. Le module de l'universalité naît de l'extension qu'assume un ordre – au sens de commandement – dans le disciplinement intégral des comportements des hommes. L'universalité ou la généralité sont connexes aux concepts de norme, de règle et de commandement. Leur matrice constructive est inscrite dans une forme de disciplinement qu'on entend poursuivre et étendre, partout et toujours, avec une détermination tenace. La décision qui assume un modèle de comportement pour le faire valoir sans exceptions constitue la matrice constructive de l'universalité, en même temps qu'elle esquisse comme sa contrepartie la région du particulier et de l'empirie comme classe des décisions pour lesquelles aussi bien l'acte de les assumer que de les négliger s'avère légitime.

Il en résulte que tout ce qu'une décision pose dans le cadre de l'ordre et du disciplinement n'admettant aucune exception sera appelé universel, haut, supérieur; quelque chose qui serait entouré d'un halo de sublimité et de pureté. Par contre, les termes, les idées, les structures pour lesquels n'existe pas la décision de les faire valoir sans limites, sans exceptions, et qui par ailleurs peuvent exister ou ne pas exister, qui ne doivent donc pas exister nécessairement ni valoir partout, seront ce qu'on appelle des objets empiriques. Et telles sont toutes ces choses qu'une longue tradition de pensée a considérées comme inférieures, caduques, accidentelles, indignes d'une grande considération. Mais le statut d'incomparable pureté de la norme ou du concept universel, comme le statut « inférieur » et « précaire » des objets empiriques, sont les produits d'une disposition stratégique de la décision.

Kant, par exemple, délimite entre-temps une dimension de l'homme qui se caractérise par les besoins de la vie sensible et qui réclame une mobilisation de la raison elle-même, « laquelle ne peut refuser, du côté de la sensibilité, de s'inquiéter de son intérêt et de se faire des maximes pratiques en vue du bonheur dans cette vie »[1]. Mais la dimension supérieure de la vie morale authentique tient dans le désengagement à l'égard de cette rationalité instrumentale et dans la résolution de s'abandonner aux commandements d'une raison qui ne fournit aucune recommandation ni disposition techniques en vue des besoins sensibles, *mais qui dit par elle-même* (*was Vernunft für sich selbst sagt*)[2]. D'après Kant, dans l'usage conforme aux fins de la sensibilité, la raison est une technique d'élaboration des instincts animaux. Mais dans cette destination de la raison, l'homme vit une vie inférieure, étant donné qu'« il n'est pas suffisamment animal, au point d'être indifférent à tout ce que la raison dit par elle-même et d'user de celle-ci seulement comme d'un instrument pour la satisfaction de ses besoins comme être sensible »[3]. Pour Kant, la raison pour elle-même représente une fin supérieure (*einem höheren Zwecke*). En réalité, la hiérarchie kantienne des fins inférieures (instinct, amour de soi, maximes subjectives de l'agir) et des fins supérieures (lois pratiques, principes pratiques objectifs, universaux et nécessaires) reflète la décision qui entend privilégier une classe de comportements par rapport à une autre, ou à d'autres classes alternatives de comportements également possibles. Nonobstant l'insistance de Kant sur le fait que les préceptes pratiques fondés sur l'amour propre, sur les sentiments de plaisir et de douleur, ne peuvent être pensés comme s'appliquant « universellement aux

1. E. Kant, *Kritik der praktischen Vernunft*, *op. cit.*, vol. V, p. 61 ; trad. fr., t. II, p. 682.

2. *Ibid.*

3. *Ibid.*

mêmes objets » (*auf dieselben Gegenstände*)[1], et nonobstant son égale insistance sur le fait que si se produisait une concordance sur de tels objets, l'unanimité (*Einhelligkeit*) ainsi obtenue ne serait que contingente[2]; malgré cela, Kant ne pouvait exclure l'existence de comportements disciplinés par des modèles alternatifs qui pouvaient également aspirer au titre d'universalité. Sinon qu'à ce stade Kant fixait des procédés grammaticaux précis en soutien à sa stratégie théorique. Un modèle de généralité fondé sur des maximes subjectives du plaisir ou de la douleur pourrait générer une nécessité qui ne serait pas *pratique*, mais tout simplement physique[3]. Il impliquerait un module de conduite ayant la physionomie de la sensibilité, c'est-à-dire déterminé en termes d'une forme de vie que Kant juge décidément inférieure. « Puisqu'au prix d'être au-dessus de la simple animalité ne le porte certes pas le fait qu'il [l'homme] possède la raison, si elle ne doit lui servir que pour ce dont l'instinct se charge chez les animaux; alors la raison ne serait dans ce cas qu'un procédé particulier dont se serait servie la nature pour équiper l'homme en vue de la même fin à laquelle elle a destiné les animaux, sans lui réserver de fin plus haute »[4].

En réalité, il aurait été envisageable de découvrir des modèles d'universalité possibles dans ces régions de la conduite où la philosophie kantienne ne trouvait tout simplement pas ce qu'elle avait décidé de ne pas y mettre. Kant du reste ne nous le confirme-t-il pas lui-même plus ou moins indirectement dès lors qu'il reconnaît un trait d'universalité dans le « *allgemeine Prinzip der Selbstliebe* », en déclarant que « tous les principes matériels comme tels sont entièrement de *même nature*, et appartiennent au

1. E. Kant, *Kritik der praktischen Vernunft*, *op. cit.*, p. 26; trad. fr., p. 637.
2. *Ibid.*
3. *Ibid.*
4. *Ibid.*, p. 61-62; trad. fr., p. 682.

principe universel de l'amour de soi ou du bonheur personnel »[1] ? Si la loi morale, à savoir un principe pratique objectif, universel et nécessaire, se manifeste comme une dimension *formelle* universelle en la modelant sur la règle logique de l'identité, de la maxime de l'agir, et comme autonomie de la volonté[2], on pourrait, de manière alternative, constituer une législation pratique fondée sur le principe du bonheur, de l'amour de soi, de la douleur et du plaisir, étant donné que même ce *motif* peut, dans une grammaire philosophique différente, c'est-à-dire dans une forme de vie différente, réaliser une dimension de généralité ou de légalité. La seule question est de le décider.

Le principe de l'amour de soi ou celui du bonheur personnel peuvent ratifier un modèle de légalité morale en termes de réquisit formel, car le bonheur ou la recherche du plaisir pourraient bien, dans une forme de vie d'un certain type, discipliner la conduite des comportements dans les termes d'un paradigme formel et unitaire. En effet, vaut également pour le principe de l'amour de soi ou du bonheur ce que Kant veut réserver à son propre modèle de législation morale universelle, à savoir que « tout vouloir doit avoir aussi un objet et, par conséquent, une matière : mais cela n'en fait pas pour autant le motif déterminant ni la condition de la maxime »[3].

En d'autres termes, nous voulons signifier par là que ce n'est pas l'universalité d'un schème conceptuel de quelque type que ce soit qui en vient à établir la légalité, mais que c'est au contraire la décision qui assume quelque chose comme une loi et qui en établit l'universalité. L'universalité est une disponibilité accessible à toute chose qui est faite valoir sans limites par une décision. Plus Kant insistait et réaffirmait que l'autonomie de la volonté est « l'unique principe de toutes les lois morales et des devoirs

1. *Ibid.*, p. 22 ; trad. fr., p. 631.
2. *Ibid.*, p. 33 ; trad. fr., p. 647.
3. *Ibid.*, p. 34 ; trad. fr., p. 648.

conformes à ces lois »[1], que ce ne sont pas les concepts du bien et du mal qui déterminent la loi morale, mais que c'est la loi morale qui les détermine[2], et plus Kant exprimait le besoin impérieux d'un certain modèle de légalité pratique qu'il voulait faire valoir sans exceptions.

L'impératif catégorique est l'obsession d'une décision que nous ne sommes pas disposés à remettre en question. Ce statut de la légalité pratique kantienne transparaît symptomatiquement dans *l'état du langage* de la *Critique de la raison pratique*, où la loi est modelée et s'impose comme une structure, comme un *fait de la raison*, et non comme le terme final d'une médiation rationnelle et d'une procédure de légitimation : « la loi morale est donnée, pour ainsi dire, comme un fait de la raison pure dont nous sommes conscients *a priori* et qui serait apodictiquement certain, même à supposer que dans l'expérience on ne puisse trouver aucun exemple de cas où elle ait été exactement observée. Par conséquent, la réalité objective de la loi morale ne peut être démontrée par aucune déduction, malgré tous les efforts de la raison théorique, spéculative ou soutenue empiriquement »[3]. Cette *facticité*, cette certitude de la loi morale, qui n'est cependant pas susceptible de justification, sont les modes de présentation à travers lesquels une norme doit exercer efficacement un système d'exclusions et d'interdits. Quand une règle se traduit sous la forme d'un modèle factuel ou objectuel, elle représente une décision, une stipulation qui est posée en dehors du discours et des médiations communicationnelles établies entre les hommes.

La loi apodictiquement certaine du code pratique kantien se présente comme un fait dans le but de ne pas être exposée à son élimination au cours des procédures discursives de la communication propres à une forme de vie.

1. E. Kant, *Kritik der praktischen Vernunft*, *op. cit.*, p. 33 ; trad. fr., p. 647.
2. *Ibid.*, p. 62-63 ; trad. fr., p. 683-685.
3. *Ibid.*, p. 47 ; trad. fr., p. 664.

CHAPITRE IX

L'OPÉRATION INFONDÉE

1. *La peur et le module de la réflexion*

L'absence de fondements de base pour nos procédures linguistico-conceptuelles ainsi que pour nos entreprises cognitives n'est pas la dénonciation du fait que nos systèmes de connaissance seraient réglés par des hypothèses idéales ou conceptuelles, dénuées de fondement ou dépourvues de tout statut de légitimation. Au-delà de la dimension cognitive-symbolique, l'absence de fondement se prolonge jusque sur le terrain originaire de la matrice pratique conçue comme mode opératoire et procédure comportementale infondés. La pratique est une conduite infondée. Elle ne peut être disciplinée par des schèmes idéaux ou cognitifs, car l'opération que l'on considère ou que l'on prétend conduite selon une règle ou une représentation idéale et conceptuelle, est une modalité qui est décidée par la pratique. Ce qu'on appelle conformité d'une pratique à une règle est à son tour une fonction de la conduite pratique. C'est à nouveau l'opération et la pratique qui décident en dernière instance du *mode sous lequel* une représentation ou une structure symbolique peuvent servir de normes ou de critères de disciplinement d'un système d'opérations.

En ce sens, la pratique et les modalités de nos comportements se montrent comme autant de combinaisons de la vie fermées sur elles-mêmes, car elles s'avèrent décidées exclusivement à partir de leur conduite. À la base des attitudes et des comportements linguistico-conceptuels, on ne trouve pas quelque hypothèse ou quelque schème cognitif privés de fondement : on trouve en réalité un mode d'opérer dépourvu de fondement. Les hommes ont accompli bien plus de choses que ce qu'on a pu leur reconnaître historiquement, et ils les ont accomplies parce qu'ils ont vécu dans un monde précisément dépourvu de ces fondements idéaux et pratiques prodigués par l'imagination, la mauvaise conscience, les institutions, les coutumes, les livres et les *nurses*. Les doctrines, les systèmes linguistico-conceptuels, les apparats de nos croyances se sont formés par une sorte d'extension des modèles pratiques de conduite, comme une complication de ce système de permissions et d'interdictions qui ont constitué la structure méthodique de notre vie.

La répercussion péremptoire d'un système d'interdits et de permissions dans l'intériorité animale a modelé cette structure d'ententes, de circuits cognitifs, d'attitudes « motivées » auxquels nous donnons ordinairement le nom de « pensée ». La réflexion s'est produite dans le *medium* d'une vie où se produit l'impact des obstacles et des difficultés. La réflexion est issue des résistances opposées à un milieu de vie. On pourrait dire que la réflexion, la pensée, la symbolisation, sont les traces laissées par le système des antagonismes auxquels les hommes ont été exposés. La pensée et le langage se sont modelés dans la forme d'une structure d'ententes, d'habitus de réaction, de réponses comportementales à une situation de résistances exercées par le milieu de notre vie. *Les obstacles, les dangers, les difficultés ont représenté les premières normes*, les premières règles, c'est-à-dire le système originaire d'interdits et de permissions.

Dans le milieu de vie naturelle, au cours d'un développement immanent, les résistances et les antagonismes des situations caractéristiques et ordinaires de la vie ont transformé une conduite aléatoire en une technique comportementale structurée méthodiquement. Quand les souffrances, les difficultés, les dangers n'ont pas conduit à la mort, ils ont fini par susciter le halo de la pensée. Il revenait aux hommes de mourir, de succomber face aux périls, ou bien de se mettre à penser. *La pensée est une peur transformée : c'est une peur qui s'est donnée un équipement méthodique*. Et il s'est agi d'une peur irréductible, s'il est vrai que les hommes ont continué à penser et à calculer nonobstant les insuccès rencontrés dans des circonstances où ils ne se sont pas avérés suffisamment protégés par leurs calculs. Certes, les hommes sont maintenant bien loin de l'horizon de ces formes primitives de vie où ils ont engagé les techniques de cette structuration méthodique de la conduite que nous appelons « pensée », « comportement motivé » et autres choses semblables. Mais dans leurs habitus de comportement compliqués et stratifiés, raffinés par des tentatives d'essai, s'est pour ainsi dire déposée l'*extension* des modèles d'une conduite qui n'a pas la physionomie d'une matrice cognitive, mais bien celle d'une forme de vie.

Les inductions probabilistes – pour ce qui concerne leur justification et leur légitimation théorique – devraient s'avérer pour le moins déconcertantes pour ceux qui sont confiants dans la réalité d'une pensée logique, existant avant même d'avoir été construite, et plus généralement pour ceux qui pensent vivre dans une monde et dans un milieu de vie qui seraient établis depuis toujours. Un monde déjà confectionné, tout simplement disponible pour être utilisé et exploité. Pour ceux-là, l'absence de fondements théoriques et de légitimations théoriques pour les inductions probabilistes devrait s'avérer surprenante, nonobstant les diverses tentatives des épistémologues[1]. Disons que si les inductions probabilistes devaient acquérir un fondement, un statut

1. *Cf.* M. Black, *Problems of Analysis. Philosophical Essays*, Ithaca, Cornell University Press, 1954, p. 155-225.

logico-épistémologique, ce ne serait même plus des inductions. Mais, plus important encore, c'est que tout en ne parvenant pas à établir une stratégie de légitimation théorique des inductions probabilistes, ces épistémologues n'en ont pas moins raison d'insister sur la valeur inestimable des procédures inductives qui s'avère aussi importante que le système d'attentes sur lesquelles se base ordinairement notre forme de vie. La valeur exemplaire qu'ont de telles procédures pour l'orientation et pour le succès de nos comportements est précisément d'autant plus grande que la difficulté épistémologique pour les légitimer et les fonder sur une base théorico-logique est colossale. On a pu observer, à ce propos, que la prétention d'une fondation théorique de l'induction probabiliste est comparable à la prétention de vouloir faire jouer un expert au jeu d'échecs avec une seule pièce sur l'échiquier[1].

L'uniformité des événements empiriques ne semble pas être un cadre d'ordonnancement issu d'une stratégie contrôlée d'argumentations et de preuves. Elle ne calque pas un tissu

1. « "Quelle raison y a-t-il pour considérer que si un certain nombre de *A* observés sont tous *B*, alors tous les *A* sont *B* ?" Et la réponse, pour autant que je puisse voir, est qu'*en général*, il n'y a aucune raison. Tout dépend des *A*, et de ce que nous savons d'eux. Si les *A* sont exemplaires d'une nouvelle variété de blé, sélectionnés selon une méthode d'échantillonnage bien affirmé, il y a alors probablement une excellente raison pour nous attendre à ce que la généralisation soit valide. Mais si les *A* sont des objets dont tout ce que nous savons c'est qu'ils se ressemblent tous en tant qu'ils sont tous des exemples de *B*, alors un homme raisonnable se refusera à tirer une quelconque conclusion. Insister en affirmant qu'il doit y avoir une conclusion, serait comme dire que, puisqu'un bon joueur d'échecs sait quel déplacement opérer dans une partie d'échecs, il devrait être en mesure de savoir quel déplacement opérer quand on lui présente un échiquier avec une seule pièce dessus : mais il ne s'agit pas là d'un problème d'échecs, et il n'y a rien que le joueur pourrait faire pour le résoudre. Le problème de savoir quoi inférer quand on sait *seulement* que certains *A* sont *B* n'est pas un véritable problème inductif, et il n'y a aucune façon de le résoudre ; on peut seulement reconnaître qu'il serait incorrect de simplement tenter de le résoudre. [...] Nous devons considérer deux possibilités : la première est que le problème serait trop difficile pour être résolu ; la seconde, que le "problème de l'induction" ne serait pas en réalité un vrai problème, car ses termes ont été posés de telle manière qu'ils en rendent impossible la solution », M. Black, *Problems of Analysis*, *op. cit.*, p. 188-189.

d'uniformité dont les lignes seraient inscrites dans le flux de l'expérience. Le schème de l'uniformité exprime plutôt le sens et l'attitude d'une approche humaine comportementale d'ensemble à l'égard d'une classe d'événements possibles.

Ce qu'on considère comme une structure d'uniformité déposée dans la *nature des choses* est plutôt le modèle d'un comportement que les hommes adoptent au cours de leurs rapports avec l'expérience et dans leurs façons de traiter avec elle. L'uniformité de ce qui advient sur le plan des justifications inductives finit en réalité par se déployer comme un schème de disciplinement auquel les hommes consignent leur conduite personnelle. L'interdiction de s'exposer à des expériences qui ont des conséquences dommageables, ou qui peuvent même conduire à la mort, formulée sur la base d'un nombre parfois très restreint d'expériences, quelquefois aléatoires (comme une brûlure au contact de la flamme), prédispose un schème de disciplinement des comportements et de la conduite qui se reflète et s'objective en termes d'uniformité de l'événement empirique. Les procédures d'induction tirent leur propre origine de la matrice d'une pensée factuelle qui se donne un système de normes, d'interdits et de permissions, au cœur d'une situation exposée au contact direct de l'expérience. Que le contact de la flamme produise une brûlure de la peau est une inférence inductive qui a précisément à son fondement non pas une stratégie théorique, mais la fixation d'un habitus de conduite pratique formé suite à un nombre extrêmement restreint d'expériences de la flamme, parfois même à une seule. Il est évident que la rigide uniformité que l'inférence inductive attribue aux propriétés de la flamme s'opère en raison de la fonction de risque auquel on s'expose en ne contrôlant pas la proximité de son propre corps à la flamme, et non du nombre d'épreuves répétées de l'expérience en question.

L'uniformité de l'expérience est un modèle dont la rigidité varie en fonction de l'engagement décisionnel de la conduite adoptée, à savoir avec la mesure des interdits et des permissions qui sont décidés en rapport au module du comportement admis. L'uniformité de l'expérience et la technique des procédures inductives sont fonction d'un statut décisionnel qui est déterminé par la modalité de la confrontation de nos comportements aux événements empiriques. La signification et la part que l'usage de la flamme ont occupées dans la vie humaine sont la matrice factuelle d'un statut décisionnel qui a ratifié un cadre uniformisé de l'expérience – et non une justification théorétique sur une base statistico-inductive. Les contextes de cette uniformité de l'événement empirique, que présuppose toute opération des procédures inductives, ont une justification non pas logique mais factuelle dans la formation des habitus de conduite dans les circonstances ordinaires de la vie, dans la signification et dans la part qu'une classe d'événements d'un certain type ont exercé dans le cadre de la vie humaine.

2. *Les habitus conceptuels comme extensions de la conduite pratique*

L'absence de fondements idéaux supposés, de stratégies analytiques autogaranties, renvoie à l'expérience, aux formes de la vie humaine et aux modèles de conduite qui constituent le fond où la pensée humaine rencontre sa propre matrice factuelle. Les significations des expressions, les procédures de la rationalité sont des structurations méthodiques, des disciplinements des techniques procédurales de la conduite qui se sont fixées sur le terrain d'une combinaison aléatoire de notre vie, ou par tentatives et corrections.

La matrice factuelle de la pensée, et par conséquent, et sans aucune ambiguïté, celle des édifices conceptuels et symboliques les plus complexes comme les plus abstraits, proviennent d'une organisation des comportements et des techniques procédurales qui n'ont aucune légitimation en dehors d'un modèle de conduite opératoire. L'expérience s'est présentée comme un espace de références ouvert et disponible, où il était possible de fixer des combinaisons différentes et alternatives de modèles d'ordre. L'expérience est comme un champ de lignes interrompues, distribuées dans les directions les plus variées. Connecter les segments d'une expérience dans une combinaison d'un certain type est ce que nous appelons penser, choisir, signifier, calculer et décider.

Mais la combinaison de ces segments, de ces parts de l'expérience, ne dispose pas du modèle préalable d'un ordre idéal où chercher son inspiration. Il s'agit d'une histoire qui s'est en grande partie déroulée dans le noir, sans illuminations logico-philosophiques. Simplement, quelque chose a commencé comme un mode opératoire, sans critères de légitimation. Quelque chose qui n'attendait pas de justification ni de légitimation, mais simplement un nom. Une conduite qui s'était engagée accidentellement, puis qui s'était ensuite structurée méthodiquement pour former une modalité d'après laquelle il devenait possible de fixer les traits de l'expérience. La pensée, autrement dit la structuration méthodique d'une conduite, a eu pour fonction de fixer les lignes d'une scène en mouvement. Penser, considérer, signifier, sont des inclinations de la conduite à interrompre les dérobades de l'expérience.

Les habitus conceptuels sont des extensions et des complications techniques d'une conduite qui s'est formée à travers un système de prohibitions, d'interdits, de châtiments et de récompenses. Les circonstances à partir desquelles ont pris forme les habitus conceptuels correspondaient à des combinaisons de la vie exprimant des admissions et des interdictions. En tant que fonction de disciplinement méthodique, la pensée n'est que la projection et l'extension d'une conduite factuelle passée à travers un système de risques, d'obstacles, de gratifications et de punitions. La pensée, c'est aussi la définition, par exemple, d'une stratégie décisionnelle par laquelle un animal suit un parcours plutôt qu'un autre. Un parcours libre et un autre constellé de dangers et d'obstacles constituent la combinaison de vie suscitant une norme. C'est comme si les hommes avaient formé les systèmes de leurs propres législations au cours de leur cheminement.

L'absence de fondation théorique par le haut, et notre référence à la matrice d'une pensée factuelle, s'éclairent et trouvent une évidence concrète dans l'impossibilité de privilégier une direction procédurale dans le fond des alternatives indéfinies qui constituent l'*operando* de notre conduite générale. Avant la décision, on ne voit pas grand chose; les segments du cadre de l'expérience sont disposés de manière aléatoire et présentent la possibilité d'introduire les modèles alternatifs d'*un ordre qui – quel que soit la façon dont on le choisit – n'existe pas avant d'avoir été construit.*

Pour qu'on puisse commencer à voir quelque chose, il convient qu'une décision, qu'un module de conduite, même engagé par hasard, introduise un ordre, une orientation possible de l'expérience ou bien d'un système notationnel. Ce comportement, cette décision, cette modalité du voir, ne sont pas cependant purement arbitraires ou de simples jeux intellectuels, mais constituent les fragments d'une forme de vie. Il n'existe aucune condition idéale ou aucune stratégie théorique préétablie qui puisse fixer la ligne d'après laquelle les éléments d'une expérience doivent être rassemblés dans une représentation univoque et coercitive, de même qu'il n'y en a pas pour établir des modèles privilégiés de formation et de transformation des expressions symboliques. Dans toutes les parties d'un ordre ainsi établi, il n'existe aucune autre nécessité que celle qui correspond à la force avec laquelle nous sommes décidés à faire valoir une convention.

CHAPITRE X

LA MATRICE CONSTRUCTIVE DE LA CONNAISSANCE

1. *La pensée factuelle*

Les interprétations idéalistes, phénoménistes, et plus généralement mentalistes, ont considéré les opérations intellectuelles, par exemple celles du comprendre, de l'interpréter, du signifier ou du calculer, en termes d'expériences mentales, d'états internes qui s'extériorisent, qui font ainsi leur apparition sur un théâtre double, à la fois interne et externe. Ces interprétations plongent leurs racines dans le modèle de duplication qui a généré la réflexion ou l'introjection d'un système de normes ou celles d'une structure de disciplinement social. La réflexion correspond à une duplication des situations de la vie et de l'ordre social par laquelle, une première fois, ils se présentent sous leur forme ordinaire et opaque, et une seconde fois, sous la forme de normes, de règles idéales, de systèmes irrévocables de permissions et d'interdits.

Le comprendre, le calculer, le reconnaître, ou le fait d'attribuer une signification et, plus généralement, toutes les opérations sans distinction du genre intellectuel ou symbolique, ont été interprétées et structurées dans le sens de la tradition en termes d'états mentaux, de courants vitaux de la conscience, de représentations psychiques ou, de manière un peu plus subtile, de schèmes idéaux et essentiels. Une version radicale de cette attitude s'est par exemple manifestée dans le programme d'interprétation des expressions de type impératif, sous la forme d'énoncés communiquant des états mentaux [1].

L'interprétation mentaliste constitue un cas exemplaire de solidarité des fonctions. Assumées sous la forme d'états spécifiques et distincts de l'esprit, de processus individualisables et discrets, de faits ou d'objets internes, les opérations mentales et intellectuelles s'avèrent alors soumises au *modèle objectuel* et à ce type de légitimation propre à ce modèle tel que nous l'avons défini : une sorte de cérémonial épistémologique qui recouvre sa fonction de disciplinement de la vie humaine. Par un autre aspect, l'interprétation mentaliste répond – par le biais de sa référence à la sphère de l'intériorité et à des processus internes occultes – au réquisit de la *duplication* et de la *réflexion*, étant donné que les opérations intellectuelles, qui ont en réalité une matrice constructive, factuellement déterminée et comme telle révocable, sont sublimées dans la copie d'un statut idéal intérieur irrévocable, par rapport à laquelle la vie ordinaire des hommes s'avèrerait n'être qu'une misérable apparence.

Les opérations intellectuelles comme calculer, comprendre, répondre, signifier, autrement dit la pensée même, ont souvent été interprétées comme des états, des expériences, des faits intérieurs, en tant que tels inaccessibles, plutôt que comme des activités possédant une matrice publique et sociale, structurées au sein de la

1. « Nous devons nous demander : "que fait connaître A à B quand le premier communique un ordre au second ? Quelle est la signification de l'information communiquée à B ?" Cette signification est la suivante : "je veux t'induire à te comporter d'une certaine manière particulière". Exprimée en termes objectifs, la signification propositionnelle implicite dans une expression impérative dirigée de A vers B est dès lors : A veut induire B à se comporter d'une certaine manière particulière (à accomplir une action particulière ou à s'en abstenir) », F. Kaufmann, *The Methodology of the Social Sciences*, Oxford, Oxford University Press, 1944, p. 22.

connexion propre à une forme de vie humaine. Dans cette interprétation traditionnelle, il est significatif que penser, calculer, comprendre aient été admis comme fonctions d'*appropriation*, comme prise de possession de quelque chose. À partir du tournant méthodologique entrepris par le cartésianisme, puis passé dans la tradition de l'empirisme et du phénoménisme – qui a aussi intéressé les procédures de contrôle des raisonnements scientifiques –, calculer, signifier, comprendre ont été interprétés comme des techniques d'appropriation des objets ou des faits qui ont pris traditionnellement le nom d'idées, d'essences, de règles, de concepts, de notions, d'états de conscience ou d'états mentaux. Quelle meilleure manière de garantir la sécurité de ses propres opérations cognitives, que celle qui les assimile à la prise de possession d'un objet ou d'une chose? Quelle meilleure stratégie épistémologique – pour assimiler la procédure cognitive à une prise de possession de quelque chose – que celle qui affirme que la connaissance, la signification ou le calcul ont été, en tant qu'objets privatisés de l'esprit, intérieurs à la conscience de celui qui précisément les détient?

Une dimension épistémologiquement significative et imposante du débat sur les *Protokollsätze* dans les années trente[1] se manifeste par la grande tension théorique qui se développe entre l'exigence d'offrir un statut d'universalité, d'intersubjectivité et d'intersensorialité aux expressions du langage scientifique, et la technique de contrôle expérimental façonné en termes d'*Erlebnisse*, d'expériences vécues, à la fois privées et inaccessibles. Il s'agit là d'une discussion destinée à avoir des implications théoriques et méthodologiques dont il serait difficile d'exagérer l'importance dans l'histoire de l'épistémologie. Le dynamisme théorique, promu par ce débat, se manifesta dans la construction

1. *Cf.* sur ce point p. 102-103, note 1.

de modèles épistémologiques suscités par des préoccupations relatives à un modèle de vérification et de signifiance ratifié en termes d'appropriation à travers les *Erlebnisse*, comme l'avait initialement affirmé Carnap[1].

Dans la duplication *de l'intérieur* et *de l'extérieur*, les opérations intellectuelles, les entreprises cognitives, se constituent et se consument d'un côté dans un espace privé et intérieur, inaccessible, et de l'autre se manifestent dans le comportement extérieur seulement comme apparences inessentielles, utiles tout au plus au titre de symbole, de papier-monnaie d'une valeur effective qui a été déposée ailleurs. Dans ce modèle de duplication, se réfracte une forme de vie humaine fondée sur l'appropriation privée d'objets. Pourquoi donc l'objet intérieur, l'état mental, auraient été privilégiés par rapport à l'échantillon physique qui pourrait prendre leur place en de nombreuses circonstances de confrontation et de vérification ? Nonobstant ce qui le caractérisait le plus souvent, comme la rudesse et la naïveté, Neurath avoua

1. « Le mérite de la découverte des fondements nécessaires au système de constitution revient à deux courants philosophiques totalement différents et souvent opposés l'un à l'autre. Le positivisme a mis en évidence que l'unique matériau de la connaissance consiste dans le *donné* vécu et non élaboré ; c'est là qu'il s'agit de rechercher les éléments fondamentaux du système de constitution. L'idéalisme transcendantal, en particulier d'obédience néo-kantienne (Rickert, Cassirer, Bauch), a toutefois souligné avec raison que ces éléments sont insuffisants ; il faut y adjoindre des postulations d'ordre (*Ordnungssetzungen*), nos "relations fondamentales" », R. Carnap, *Der logische Aufbau der Welt*, Berlin, Weltkreis Verlag, 1928 (reproduction anastatique, Hamburg, Felix Meiner, 1961, p. 105) ; trad. fr. Th. Rivain et É. Schwartz, *La construction logique du monde*, Paris, Vrin, 2002, p. 157. « La série des expériences vécues est différente pour chaque sujet. Si toutefois doit être rajoutée une concordance dans la dénomination (*Namengebung*) des étants constitués sur la base des expériences vécues, cela ne peut se faire par référence à un matériel absolument différent, mais uniquement par une description formelle de la structure des étants. C'est certainement encore un problème de savoir comment se donnent des étants, avec une structure concordante pour tous les sujets, à partir de séries d'expériences aussi différentes par l'application de règles formelles de constitution concordantes : c'est le problème de la réalité intersubjective », *ibid.*, p. 21 ; trad. fr., p. 76-77.

quelque chose à la fois d'important et de résolutoire quand il affirma qu'un observateur pouvait adopter les « protocoles » d'un autre[1].

Il est en effet légitime d'interpréter les opérations de type intellectuel en se dispensant d'assumer une série parallèle d'états intérieurs, de processus et d'objets mentaux, comme termes de référence de la signifiance et de la validité des procédures cognitives. *Le recours à des modèles ou à des représentations idéales intérieures peut être remplacé de manière recevable par des échantillons physiques*. Les procédures cognitives s'inscrivent alors dans un cadre d'utilisabilité des instruments et des opérations; en ce sens, l'état ou l'objet mental s'avère utilisable, mais en dehors de tout privilège. La représentation ou l'image intérieure, qui prétendent constituer le réquisit d'une médiation inévitable, impliquent en réalité une régression à l'infini et s'avèrent par là dispensables.

Comprendre, croire, calculer, répondre et confronter ne désignent pas des termes ossifiés dans le domaine des choses ou des faits, mais ce sont des opérations, des activités situées dans le milieu d'une forme de vie ouverte, publique et officielle. Les images et les représentations plastiques que les philosophes, et parfois même les scientifiques (quand ils se mettent à philosopher), ont plaquées sur les procédures cognitives, peuvent aussi refléter des processus psychiques et des images qui ont accompagné ces mêmes procédures; le fait est que leur présence est tout à la fois inefficace et inoffensive. Plus précisément, nous voulons dire que la représentation de la connaissance en termes plastiques d'une possession, d'une appropriation d'objets intérieurs, d'états mentaux, *n'est ni afférente, ni pertinente aux fins de la fonctionnalité des procédures cognitives*, au même titre que ne

1. *Cf.* O. Neurath, « Protokollsätze », art. cit., p. 212-213.

l'est l'institution de la propriété privée en vue d'une explication des procès du travail.

Le cadre théorique du mentalisme est autant solidaire de la doctrine méthodologique définie par le modèle objectuel, que de la stratégie épistémologique des fondements. Dans le double panorama du *dedans-dehors* où a été représentée la fonction cognitive, l'état mental et l'objet de l'intuition intellectuelle ont été introduits comme fondements auxquels ancrer la légitimation des procédures cognitives. L'image, la représentation d'un objet ou d'un état intérieur – vers lesquels s'orientent les imputations explicatives de nos entreprises cognitives – semblent représenter les lieux épistémologiques à proximité desquels il semble évident, selon une imposante tradition scientifico-philosophique, qu'on doive s'arrêter comme s'il s'agissait des points terminaux du processus analytico-régressif de n'importe quelle explication. Mais l'analyse du langage ordinaire, et en particulier la critique des modèles essentialistes-mentalistes dans l'œuvre de Wittgenstein[1], ont mis en lumière la multiplicité des modalités d'usage dont est susceptible un symbole ou une représentation de n'importe quel type.

Le statut de fondement que la représentation d'objets et les processus à la fois internes et privés se sont arrogés dans le cadre de la légitimation des procédures cognitives, est fonction d'une décision, d'un système complet de permissions et d'interdits. En réalité, confronté à la multiplicité des modalités d'emploi des représentations intérieures et à l'inépuisable possibilité de pousser la stratégie de l'explication, le schème du fondement de type mentaliste se révèle n'être qu'un mythe. *Le « fondement » de l'état mental, du processus intérieur, n'est que la fonction d'arrêt*

1. *Cf.* L. Wittgenstein, *Fiches*, *op. cit.*, § 231 et 235, p. 62-64; *The Blue and the Brown Books*, *op. cit.*, p. 3-4, 84, 87 (trad. fr., p. 37-40, 146-147, 150-151); *Recherches philosophiques*, *op. cit.*, I, § 89, 139-141, 432, p. 77-78, 92-95, 186.

ratifiée par une décision. Le «fondement» a le statut de prérogative qui s'affirme par un usage et par un module interprétatif grâce à un dispositif de normes établissant l'exclusion et l'interdiction implacables de modalités alternatives d'emploi, et donc d'interprétation.

Si les opérations mentales et les activités intellectuelles ont été traditionnellement interprétées selon des modèles imaginaires et fantastiques, si l'on a pu croire que l'explication d'opérations comme le calcul ou la compréhension d'une expression symbolique devait consister à en donner une sorte de *maquette psychique* – cela s'est produit en fonction d'une forme de vie où le pouvoir de disposition sur les choses, aussi bien que sur la connaissance, s'est structuré et institutionnalisé sous la forme de l'appropriation privée des objets.

La traditionnelle doctrine phénoméniste des données sensorielles a traité les éléments de base, constitutifs du flux intérieur de la perception sensible, au titre d'entités distinctes auxquelles chaque sujet percevant aurait un accès tout à la fois privilégié et privé dans le fort intérieur de sa conscience personnelle, à la façon dont le propriétaire a un accès privé et exclusif au jardin de sa propre demeure. Si les hommes ont modelé le préjugé commun et le schème épistémologique correspondant des états ou des objets mentaux intérieurs conçus comme centres de propulsion et d'explication de leurs opérations conceptuelles et de leurs comportements « motivés », cela s'est produit parce qu'une telle réalisation intellectuelle a correspondu à une organisation de leur forme de vie, fondée sur l'appropriation privée des choses et sur le disciplinement des comportements à travers un système de normes, de permissions et d'interdits. Ce qui a finalement été rendu possible parce que le champ des opérations intellectuelles, auquel on donne généralement le nom de pensée, est la disposition d'ordre et la structuration méthodique d'une conduite de vie. Le fait d'avoir soustrait certaines classes de comportements à leur cours aléatoire et rhapsodique – en les disposant au centre d'une technique contrôlée par un système de permissions et d'interdits à travers récompenses et châtiments – a permis de former le domaine de la pensée, le théâtre des comportements motivés.

Le symbolisme linguistique s'est formé dans le *medium* de cette matrice constructive d'une entière forme de vie humaine. Les hommes ont réfléchi dans le langage l'organisation de leurs formes de vie, de leurs institutions, de leurs coutumes et de leur façon de s'approprier les choses. Dans les interprétations faussées du langage, de la pensée et des procédures cognitives, ils ont également réfléchi aux systèmes d'interdits et de prohibitions destinés à protéger les institutions contre toute tentative de les modifier et de les révoquer.

En général, l'attribution d'une dimension de vie intérieure, modelée en termes d'« âme », d'« état mental », de « conscience », de « moi », de « procès intérieur », a joué un *rôle pour ainsi dire différentiel au sein des formes de la vie humaine*. L'attribution d'une âme aux sauvages d'Amérique s'est avérée connexe à la décision de pouvoir les utiliser d'une certaine façon dans les procès de travail. La grammaire des états intérieurs a joué un rôle dans la structuration de la vie humaine. Les attitudes propositionnelles de type intentionnel : « moi, je crois que… », « moi, je pense que… »; les expressions du type : « moi, j'ai la garantie que… », « moi, j'ai la certitude de… », « moi, je présume que… » et d'autres expressions semblables – qui ont traditionnellement été attribuées à des fonctions et à des modalités de la réflexion, à des niveaux distincts d'états mentaux – ont correspondu en réalité, et continuent de correspondre dans notre vie à des degrés différents de l'engagement décisionnel, engagement d'après lequel qui parle est prêt à assumer la responsabilité d'une assertion.

La certitude ou la sécurité, ou même l'incertitude, ne décrivent pas des états ou des processus spécifiques qui se dérouleraient dans le milieu de la vie intérieure, mais correspondent à différents niveaux décisionnels d'après lesquels ceux qui parlent sont disposés à s'engager. La certitude, la sécurité sont enracinées dans les formes de la vie quotidienne comme termes ou propositions d'un accord, d'une négociation. De même qu'affirmer sa propre certitude sur le statut cognitif d'un énoncé n'est pas décrire un procès de la vie intérieure, mais assumer un engagement – en connexion avec une interaction sociale – sur sa validité et sur sa propre disponibilité à soumettre ledit énoncé aux procédures prévues de contrôle et de légitimation, sur lesquelles existe un accord préalable entre les hommes.

Les facteurs responsables du statut de nos certitudes ne sont ni les états mentaux, ni les représentations de prétendus processus cristallisés dans le courant de conscience. Les usages, les coutumes et les institutions de la vie pratique humaine ont constitué la matrice de l'invention des formes de la vie intellectuelle. Modèles de pensée et techniques de manipulation des symboles d'une notation proviennent de la racine d'un rapport que les hommes ont institué dans le cours de leur vie, au sens, par exemple, que l'implication matérielle et le principe du tiers exclu pourraient avoir leur matrice d'origine dans la technique du pari, technique grâce à laquelle, ou l'on gagne, ou l'on perd, et pour laquelle n'est pas prévue une troisième possibilité; ou encore, une technique où à certaines conditions on gagne, à certaines conditions on perd[1].

2. *La pensée comme structuration méthodique du hasard*

La recherche philosophique actuelle ne peut retrouver sa propre légitimité et la reprise de sa fonction propre que dans le cadre de l'orientation d'une recherche finalisée par la découverte des matrices constructives ayant généré les comportements

1. *Cf.* L. Wittgenstein, *Fiches*, *op. cit.*, § 677, p. 152.

intellectuels et motivés, les édifices linguistico-conceptuels qui articulent et disciplinent le contrôle de l'expérience. Découvrir comment une attitude de conduite, une façon de vivre, une modalité d'usage des objets et des instruments élaborés par voie de tentatives, ou combinés par un pur hasard, se sont élevées à la forme et au statut d'une technique procédurale méthodique et ordonnée en vue d'atteindre certains buts; découvrir par exemple *la matrice de ce que nous définissons comme « pensée », dans la transformation de la casualité en une technique méthodique* – une recherche théorique de ce genre constitue le travail philosophique authentique. Il s'agit de repérer, dans le dos des opérations linguistico-conceptuelles, le fond des actions et des situations propres à une forme de vie qui ont modelé les procédures conceptuelles et les habitus de rationalité.

Revenir, derrière le principe du tiers exclu, à la situation du pari, ou derrière les argumentations de Castellion sur les fondements de la foi chrétienne et derrière l'argument du pari pascalien, aux présomptions de probabilité auxquelles se confient les marchands dans leurs entreprises commerciales exposées aux risques des océans; ou encore, derrière la législation morale kantienne, revenir à *l'échange des équivalents*, c'est comme retrouver pour ainsi dire l'information génétique que le code des formes de la vie humaine a déposée dans la formation des habitus intellectuels des hommes. La philosophie est de cette manière la redécouverte de l'origine « par le bas » de tout ce qui se réfléchit de manière fétichiste, comme c'est le cas des édifices formels les plus élevés ou des opérations intellectuelles dotées d'une incomparable pureté.

En ce sens, il faut dénoncer la stérilité des analyses philosophiques et méthodologiques qui s'épuisent dans la fonction décidément ornementale de trouver des fondements et des médiations idéales à des procédures et à des opérations symboliques et cognitives qui trouvent leur légitimation dans l'espace des formes de vie auxquelles elles sont immanentes. Il n'y a pas plus de rationalité dans le schème logique du tiers exclu qu'il n'y en a dans la situation pratique du pari; de même qu'il n'y a pas plus de rationalité dans le refus de ce principe par le mathématicien intuitionniste en référence à des grandeurs infinies, qu'il n'y en a chez qui refuse de parier sur des situations incertaines et indéterminées, où il n'y a pas moyen de déterminer avec clarté les termes de l'alternative.

Nos systèmes linguistico-conceptuels sont des extensions et des complications des combinaisons tirées de la vie. Mais la philosophie se dégrade en une fonction superficielle d'ornement, dès lors qu'elle concocte des stratégies de médiation théorique, de légitimation instruites *a posteriori* qui, en tant qu'elles ne sont immanentes à aucune procédure d'usage ou à quelque technique de conduite, s'avèrent sans importance. Je veux dire par là qu'aucune justification ni aucune légitimation ne peuvent jamais être des conditions *a posteriori*, car – en tant qu'habitus ou que techniques d'une conduite – elles constituent le modèle d'une nouvelle pratique, d'une nouvelle discipline comportementale qui, précisément, n'existaient pas avant d'avoir été construites puis introduites.

Le fait que le symbolisme des langues historico-naturelles ou qu'un algorithme ne puissent fonctionner de manière fragmentaire et rhapsodique; qu'au contraire les opérations conductibles en leur sein tirent leur possibilité et leur légitimation du dispositif d'ensemble du système auquel elles appartiennent, tout cela est symptomatique de l'impuissance des termes pris dans leur isolement propre. Le terme ou l'élément formel isolé est par lui-même impuissant, car il ne détient aucun pouvoir ou condition pour influer sur les autres termes. Il faut une technique opératoire et constructive dans un cadre relationnel pour qu'un terme puisse produire une transformation ou une variation sur les autres éléments du système. L'opération constructive est en effet le cadre unifiant de toutes les fonctions assertoriques d'un système notationnel. En ce sens, il n'est pas possible de repérer dans un donné, dans un objet ou dans une entité cristallisée en situation d'isolement, le dispositif de preuve et de légitimation des procédures exécutables à l'intérieur d'un système symbolique. L'opération constructive qui connecte les termes dans la forme d'un disciplinement propre à un certain type de conduite représente ce que l'on définit comme une preuve. En d'autres termes, c'est toute la pratique d'une forme de vie humaine qui constitue ce que nous appelons une preuve.

INDEX DES NOMS

TABLE DES MATIÈRES

Imprimerie de la manutention à Mayenne (France) - octobre 2013 - N° 2126790D
Dépot légal : 4e trimestre 2013